자본주의

CAPITALISM: A Very Short Introduction, Second Edition

Second edition was originally published in English in 2015.
Korean translation rights arranged with Oxford University Press
through EYA(Eric Yang Agency).

첫단추 시리즈

자본주의

제임스 풀처 지음
이재만 옮김

교유서가

차례

제 1 장

자본주의란 무엇인가?

상업자본주의

1601년 4월, 영국 동인도회사는 첫 원정 선단을 동인도로 보냈다. 약 18개월 후 수마트라섬과 자바섬에서 돌아온 원정대의 선박 네 척 어센션(Ascension), 드래곤(Dragon), 헥토르(Hector), 수전(Susan)호에 실린 주요 화물은 후추였다. 이 모험사업이 성공하자 1604년 3월, 같은 선박들이 런던에서 두 번째 원정을 떠났다. 헥토르호와 수전호가 먼저 귀로에 올랐지만, 수전호는 해상에서 길을 잃었고, 헥토르호는 남아프리카 앞바다에서 표류하다가 선원 대부분을 잃은 상태로 어센션호와 드래곤호에 의해 구조되었다. 어센션, 드래곤, 헥토르호는 1606년 후추와 정향, 육두구를 싣고서 잉글랜드로 돌아왔다. 두 차례 항해에 투자했던 주주들은 95퍼센트의 수익률을 기록했다.

1607년 세번째 원정대도 비슷한 성공을 거두었지만, 1608년 어센션, 유니온(Union)호로 이루어진 네번째 원정대는 그야말로 재앙을 당했다. 어센션호는 인도 서해안에 무사히 당도했지만, 그곳에서 "오만한 고집불통 선장"이 물이 얕다는 현지인의 경고를 무시한 채 배를 몰다가 모래톱에 걸려 난파했다. 유니온호는 마다가스카르에 들렀다가 선원들이 매복 공격을 당하고 선장이 살해되었음에도 수마트라섬까지 어찌어찌 가서 화물을 실었다. 그렇지만 돌아오는 길에 브르타뉴 해안에서 난파하고 말았다. 이 원정대에 투자했던 이들은 원금을 몽땅 잃었다.

자본주의란 본질적으로 이윤을 기대하는 자금 투자이며, 영국 동인도회사의 교역처럼 상당히 위험한 장거리 모험사업에 투자할 경우 막대한 이윤을 얻을 수 있었다. 이윤은 퍽 단순하게도 희소성과 거리의 결과였다. 예컨대 말루쿠제도에서 후추를 사는 값과 유럽에서 후추를 파는 값 사이에 현저한 차이가 나면 막대한 이윤을 남길 수 있었다. 그 이윤에 비하면 모험사업에 들이는 비용은 별것 아니었다. 관건은 후추 화물을 유럽으로 가져올 수 있느냐는 것이었다. 물론 시장의 여건도 아주 중요했는데, 대규모 선단이 갑작스레 돌아오면 후추 가격이 떨어질 수 있었기 때문이다. 높은 수익성에 이끌려 너무 많은 이들이 교역에 뛰어들 경우 시장이 포화될 수도 있었다. 결국 후추가 과잉 공급되자 동인도회사는 다른 향신료와 인디고 염료 같은 다른 상품들로 교역 품목을 다각화할 수밖에 없었다.

이 교역에는 많은 자본이 필요했다. 이스트인디언맨(East Indianman)이라 불린 선박들을 건조하고, 장비를 갖추고, 네덜란드와 포르투갈의 경쟁 선박에 대비해 함포를 탑재해야 했고, 무사히 돌아오면 수리해야 했다. 블랙월과 뎁포드에 자리한 동인도회사 조선소들은 해당 지역에서 주요 고용주였으므로 자금을 조달해야 했다. 동양으로 출항할 배에 향신료 구입을 위한 금괴와 물품, 탄약, 그리고 대규모 승무원들이 먹을 것과 마실 것을 채우는 데에도 자본이 필요했다. 동인도회사의 세번째 원정대에 속한 드래곤, 헥토르, 콘센트(Consent)호의 선원은 각각 150명, 100명, 30명이었다—적어도 처음에는 먹여야 할 입이 총 280이었다. 선원을 많이 태운 이유 중 하나는 행여 원정중에 인명 피해가 크게 나더라도 귀환할 만한 여력을 두기 위함이었다.

영국 동인도회사의 주요 자금원은 이 회사를 통제하고 운영한 런던의 부유한 상인들이었다. 그렇지만 이들뿐 아니라 영국 귀족이나 그 측근들한테서도 자금이 나왔는데, 이들은 법정에서의 영향력 때문에 회사측으로부터 환대를 받았다.

회사의 특권은 국왕의 호의에 달려 있었다. 외국의 자금도 투입되었는데, 주로 경쟁 상대인 네덜란드 동인도회사로부터 배척당한 네덜란드 상인들의 자금이었다. 그들은 이 경쟁 회사의 기밀을 알려주는 유용한 정보원이기도 했다.

처음 열두 번 항해하는 동안에는 매번 자금을 따로따로 조달했다. 단 한 차례의 항해에 투자한 뒤 이윤이 생기면 전통적인 상업 관행에 따라 주주들에게 배당하는 방식이었다. 그렇지만 이것은 장거리 교역에 자금을 대는 위험한 방식이었다. 이역만리 생소한 곳의 불확실성에 자본을 장기간 노출시키는 셈이었기 때문이다. 함께 원정에 나서는 선박 몇 척에 위험을 분산하는 식으로 한 바구니에 모든 달걀을 담지 않을 수는 있었지만, 1608년의 사례처럼 선단 전체가 난파할 수도 있었다. 동인도회사는 여러 차례의 항해에 위험을 분산하는 식으로 자금 조달 방법을 바꾼 다음 완전한 합자회사가 되었으며, 1657년 이후로는 지속적인 투자가 특정한 항해와 결부되지 않았다. 1688년부터는 런던 증권거래소에서 이 회사의 주식이 거래되기 시작했다.

위험을 낮추는 방법 중에는 독점 관행도 있었다. 외국의 동인도회사들과 마찬가지로 영국 동인도회사는 국가로부터 동양의 상품을 독점 수입할 권리와 대금을 치르기 위해 금괴를 수출할 권리를 부여받는 등 국가와 밀접하게 얽혀 있었다. 언제나 돈이 궁했던 국가는 그 대가로 회사의 값비싼 대규모 수입품에 관세를 매겨 세입을 얻었다. 분명 경쟁이 붙긴 했지만 어디까지나 영국, 네덜란드, 포르투갈이 인도에서 벌이는 국제 경쟁이었으며 각국 내에서는 경쟁이 최대한 해소되었다. 외부인들은 끊임없이 교역에 끼어들려고 했으며, 국가가 동인도회사에 부여한 핵심 특권 중 하나는 '침입자들'에 맞서 조치를 취할 권리였다.

시장은 상품을 한꺼번에 사들인 뒤 팔지 않고 쟁여두는 방식으로 조작되었다. 17세기 암스테르담 상인들은 특히 이런 매점매석에 능란했고, 향신료뿐 아니라 스웨덴산 구리, 고래 제품, 이탈리아산 비단, 설탕, 향수 원료, 초석(화약의 재료)까지 부지런히 독점해나갔다. 이를 위해서는 대규모 창고가 꼭 필요했는데, 페르낭 브로델(Fernand Braudel)에 따르면 네덜란드 상인들의 창고는 대형 선박보다도 크고 비쌌다. 그들은 전 국민이 10～12년간 먹을 만한 곡물을 창고에 보관할 수 있었다. 이는 단순히 가격을 끌어올리기 위해 상품을 쌓아두는 문제가 아니었다. 별안간 유럽 시장 전체에 엄청난 물량의 재고품을 풀어놓아 외국의 경쟁 회사들을 도산시킬 수도 있었기 때문이다.

이것은 확실히 자본주의였다. 장거리 교역을 하려면 큰 이윤을 기대하는 대규모 자본 투자가 필요했기 때문이다. 하지만 분명 자유시장 자본주의는 아니었다. 고수익을 올린 비결은 이런저런 수단으로 독점을 확립하고, 경쟁자를 차단하고, 가능한 모든 방법으로 시장을 통제하는 데 있었다. 생산을 합리화하는 활동보다 희소한 생산물을 거래하는 활동에서 이윤이 나왔던 까닭에 상업자본주의가 사회에 끼치는 영향은 제한되었다. 유럽 인구 대다수는 자본 소유자들의 이런 활동에 영향받는 일 없이 일상을 영위할 수 있었다.

자본주의적 생산

1780년대에 스코틀랜드인 두 사람 제임스 맥코넬(James M'Connel)과 존 케네디(John Kennedy)는 남쪽으로 이주해 랭커셔 지역에서 면공업의 도제가 되었다. 그들은 면직물 기계 제조업에서 경험을 쌓고 약간의 돈을 마련한 뒤, 1795년에 자본금 1770파운드로 회사를 차렸다. 그러고는 곧 상당한 이윤을 내기 시작해, 1799년과 1800년에 30퍼센트를 넘는 자본수익률을 달성했다. 빠르게 축적된 그들의 자본은 1800년까지 2만 2000파운드, 1810년까지 8만 8000파운드로 급증했다. 1820년까지 공장을 세 개로 늘린 이 회사는 당시 면방적업의 세계 중심지였던 맨체스터에서 가느다란 면사 생산을 주도하는 업체로 자리잡았다.

그렇지만 면공업 분야의 경쟁이 곧 치열해져 1800년 초의 높은 수익률을 유지할 수 없게 되었다. 그 원인은 대체로 보아 큰 이윤을 내면서 팽창하는 면공업에 신규 진입자들이 몰려든 데 있었다. 1819년경에 이미 344개였던 면업 공장 수는 1839년까지 1815개로 늘었다. 1830년대 동안의 기술 발달에 힘입어 생산성이 대폭 높아지는 가운데 회사들은 경쟁에서 살아남기 위해 새로운 기계에 거액을 투자해야만 했다. 이 무렵 지어진 큰 공장들의 방추(紡錘) 보유량은 4만 개였던 데 반해 이전 세대의 보유량은 4500개가량이었다. 공장 신축과 기계류에 큰돈을 들여야 했던데다 생산력이 증대되면서 면사 가격 인하 압박이 커진 결과, 1830년대에 면공업의 수익성은 낮은 수준으로 떨어졌다.

이윤은 궁극적으로 원면을 면사로 바꾸는 노동자들에 달려 있었다(그림 1). 맥코넬과 케네디가 고용한 노동자는 1802년 312명에서 1830년대에는 1500명으로 늘었다. 그중 상당수는 저임금을 받는 아동이었으며 때로는 거의 절반이 16세 이하였다. 1819년의 경우, 오전 6시부터 오후 7시 30분까지 일한 10세 이하 아동이 100명이었으며 그중 일부는 겨우 7세였다.

이따금 새 공장과 기계에 지출한 거액을 빼면, 맥코넬과 케네디 회사의 주요 비용은 임금이었다. 연간 임금 총액이 1811

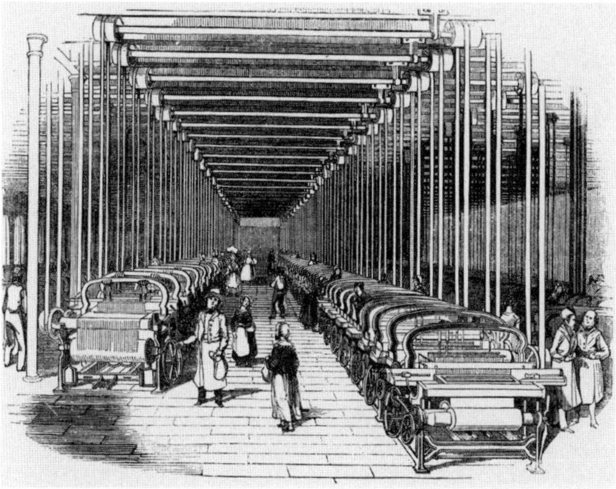

1. 19세기에 면직공장을 지배한 역직기.

년에 3만 5000파운드 이상, 1830년대에 4만 8000파운드 이상이었다. 임금 비용을 최소화하기 위해 회사는 임금률을 낮게 유지했을 뿐 아니라 숙련노동자를 덜 숙련되고 더 값싼 노동자로 대체하기도 했는데, 자동기계가 발명된 덕에 이렇게 할 수 있었다. 면공업은 주기적으로 수요가 급감하는 등 불안정했으며, 그럴 때면 고용주들은 살아남기 위해 임금과 노동시간을 줄여야 했다.

산업자본주의가 발전함에 따라 임금을 둘러싼 분쟁은 갈수록 조직화되었다. 방적공들은 노동조합을 결성해 임금 삭감에 대항했다. 노조는 처음에 지역 수준에서 조직되었으나 이후 지방과 전국 수준으로 확대되었다. 방적공들은 1810년과 1818년, 1830년에 점점 더 크게 조직적인 파업을 벌였지만, 파업자를 체포하고 노조 지도부를 투옥한 국가의 지원을 받은 고용주들 탓에 번번이 실패했다. 고용주들은 자기들끼리 결사를 맺고서 노동조합 투사들의 '블랙리스트'를 작성하고, 파업에 '공장 폐쇄'로 응수하고, 서로 금융 지원을 했다. 그럼에도 방적공 노조들의 격렬한 투쟁은 꽤나 성공을 거둔 것으로 보인다. 고용주들의 수익성 감소와 노조 와해 시도에도 불구하고 임금이 안정적으로 유지되었기 때문이다.

노동 착취는 임금 상승을 억제하는 것뿐 아니라 노동자를 규율하는 것과도 관련이 있었다. 산업자본주의에서 비용을 최소화하려면 규칙적이고도 지속적인 노동이 필요했다. 값비싼 기계는 끊임없이 돌려야 했다. 빈둥대기와 술 마시기, 심지어 이리저리 돌아다니기와 떠들기도 용납되지 않았다. 면업 공장은 실제로 노동자를 구하느라 애를 먹었다. 사람들이 장시간의 중단 없는 교대근무와 면밀한 감시를 꺼렸기 때문이다. 고용주들은 산업노동자 첫 세대에게 매우 생소했던 규율을 강제할 방법을 찾아야 했다. 그들이 흔히 사용한 방법은 체벌(아동에 대한)이나 벌금, 해고 위협 같은 투박하고 부정적인 제재였지만, 일부는 노동자를 통제하는 더 정교하고 교훈적인 방법을 개발했다.

로버트 오언(Robert Owen)은 뉴래너크에 있던 자신의 공장에 '무언의 감시장치'를 도입했다. 노동자들은 네 면에 각각 다른 색깔을 칠한 나뭇조각을 받았는데, 검은색은 나쁜 실적, 파란색은 그저 그런 실적, 노란색은 좋은 실적, 흰색은 탁월한 실적을 의미했다. 모두가 볼 수 있도록 앞으로 돌려놓은 면은 노동자에게 전날의 실적을 끊임없이 상기시켰다. 또 공장의 각 부서에는 노동자 개개인의 색깔을 날마다 적어두는 '인격장부'가 있었다. 규율은 그저 공장에만 필요한 것이 아니었다. 오언이 공동체도 통제했기 때문이다. 그는 길거리에 순찰대를 보내 만취한 사람에 대해 보고받고 이튿날 아침에 그 음주자에게 벌금을 물렸다. 그리고 청결을 역설하며 길거리와

집을 청소하는 세세한 규칙을 정했다. 심지어 겨울철에는 통금이 있어서 밤 10시 30분 이후로는 모두가 실내에 머물러야 했다.

E. P. 톰슨(Thompson)이 강조했듯이, 규율 잡힌 노동이란 곧 정해진 시간 동안 규칙적으로 하는 노동이었다. 이는 매일 꼬박꼬박 출근하고, 일을 제때 시작하고, 지정된 시각에 지정된 시간만큼 휴식한다는 것을 의미했다. 노동자들이 주말 동안 술을 퍼마시고 숙취에서 깨느라 '성 월요일'이나 심지어 '성 화요일' 같은 '성인의 날'을 추가해 공장 일을 쉬는 확고부동한 전통에 맞서, 고용주들은 오랫동안 전투를 치러야 했다. 시간은 전장이 되었으며, 일부 파렴치한 고용주들은 시곗바늘을 오전에는 앞으로 돌려놓고 오후에는 뒤로 돌려놓았다. 노동자들한테서 시계를 빼앗아 고용주의 시간 통제에 도전하지 못하게 했다는 이야기도 있다. 의미심장하게도 시계를 지니는 관행은 산업혁명과 같은 시기에 퍼져나갔으며, 18세기 말에 정부는 괘종시계와 회중시계에 세금을 부과하려 했다.

산업자본주의는 노동만이 아니라 근대적 의미의 '여가'도 창출했다. 이 말이 놀랍게 들릴지도 모르겠다. 초기 면공업 고용주들은 공장의 기계를 가능한 한 계속 돌리고 노동자에게 아주 긴 노동시간을 강요했기 때문이다. 그렇지만 그들은 노동시간 동안 연속해서 일하라고 요구하고 노동이 아닌 활동을 배제함으로써 노동과 여가를 분리한 셈이었다. 그들 중 일부는 아예 공장 문을 닫는 휴가 기간을 따로 두어 노동과 여가를 확실히 분리했다. 그렇게 하는 편이 노동자가 평소에 근무를 쉬어 작업에 차질이 생기는 것보다 나았기 때문이다. 휴일이든 주말이든 아니면 저녁이든 뚜렷한 비노동 시간으로서의 '여가'가 생긴 것은 자본주의적 생산의 규율되고 한정된 노동시간 때문이었다. 그후로 노동자들은 더 많은 여가를 원했으며, 노동조합 캠페인을 통해 여가시간이 늘어났다. 여가 확대 노력은 면공업에서 처음 시작되었으나, 결국 노동시간을 제한하고 노동자에게 유급휴가 일수를 주는 새로운 법률들이 통과되기에 이르렀다.

여가는 또다른 의미에서도 자본주의의 산물, 즉 여가 상업화의 결과였다. 이제 여가는 전통적인 스포츠와 소일거리에 참여하는 것을 의미하지 않게 되었다. 자본주의 기업이 계획하는 여가 활동에 노동자가 돈을 쓰기 시작했다. 신생 철도회사들은 값싼 나들이 승차권을 제공했으며, 랭커셔 면공업 노동자들은 당일치기로 블랙풀〔Blackpool: 랭커셔 지역의 해변 유원지—옮긴이〕에 다녀올 수 있었다. 1841년 토머스 쿡(Thomas Cook)은 금주협회 집회에 참석하려는 금주 운동가들을 레스터에서 러프버러까지 열차편으로 안내하는 자신의 첫 여행 사업을 계획했다. 이제 스포츠를, 특히 축구와 경마를 관람하려는 사람들에게 입장료를 받는 대중 여행이 가능해졌다. 이런 여가 활동의 중요성은 아무리 강조해도 지나치지 않다. 장차 소비 수요, 고용, 이윤의 거대한 원천이 될 여가 시장을 개척하고 개발하고자 완전히 새로운 산업들이 생겨나고 있었기 때문이다.

자본주의적 생산은 사람들의 노동과 여가생활을 바꾸어놓았다. 이윤을 기대하는 자본 투자는 산업혁명을 추동했고, 기술이 빠르게 발전하면서 생산성이 껑충껑충 높아졌다. 하지만 기계는 혼자서 일하지 못했으므로 이윤을 내려면 임금노동이 필요했다. 임금은 고용주의 비용에서 주요 항목이었으며, 육체노동을 통해 돈을 벌 수 있는 능력인 '노동력'(카를 마르크스의 표현)을 소유한 사람들과 자본 소유자들 사이의 분쟁에서 핵심 쟁점이 되었다. 공장에 모인 노동자들은 감독관이 빈틈없이 지켜보는 가운데 규율 잡힌 방식으로 연속해서 일해야 했지만, 이제 집단으로 노동조합을 결성할 수도 있었다. 비노동 활동이 노동시간에서 여가시간으로 내쫓기자 노동자의 일상생활은 노동과 여가로 선명하게 구분되었다. 그렇지만 임금노동은 노동자가 여가생활에 지출할 돈을 가지고 있다는 뜻이기도 했다. 여가의 상업화는 자본주의적 생산을 더욱 확대한 새로운 산업들을 낳았다.

금융자본주의

1995년 2월 23일 목요일, 싱가포르 베어링 증권(Baring Securities)의 매니저 닉 리슨(Nick Leeson)은 일본 주식시장의 니케이 지수가 330포인트 급락하는 광경을 지켜보았다. 그날 단 하루 만에 베어링스 은행(Barings Bank)은 리슨의 거래 탓에 1억 4300만 파운드의 손실을 봤다. 리슨 말고는 아무도 무슨 일이 벌어지고 있는지 몰랐다. 이 손실액 외에도 리슨이 상사들에게 숨겨온 기존 손실액이 4억 7000만 파운드에 달했다. 이제 다 끝났다고 생각한 그는 아내와 함께 보르네오섬 북부 연안에 있는 은신처로 부리나케 달아났다. 그러는 동안 베어링스 은행의 경영자들은 싱가포르에서 사라진 거액 때문에 머리를 쥐어뜯으며 필사적으로 리슨을 찾았다. 이튿날 아침이 되자 런던에서 가장 오래된 상업은행인 베어링스 은행이 감당 못할 손실을 계속 보다가 사실상 파산했다는 것이 분명하게 드러났다. 리슨은 영국으로 돌아가려다 프랑크푸르트에서 체포되었고, 금융 규제 위반 혐의로 싱가포르에 넘겨진 뒤 6년 반 동안 옥살이를 했다.

리슨은 '파생상품'을 거래했다. 이 복잡한 금융상품의 가치는 주식이나 채권, 통화, 또는 석유나 커피 같은 실제 상품 등 다른 무언가의 가치로부터 **파생된다**. 예를 들어 파생상품의 한 종류인 **선물**(先物)은 미래의 어느 시점에 인수할 주식이나 채권, 통화, 상품을 **현재** 가격으로 매입하는 계약을 말한다. 어느 주식의 가격이 오르리라 예상한다면, 3개월 전에 그 주식을 매입할 수 있다. 그리고 3개월이 지난 뒤 원래 매입가로 주식을 인수하고 이제 더 높아진 가격에 매도함으로써 이익을 얻을 수 있다. 또 **옵션**(option)을 매입할 수도 있는데, 이렇게 하면 미래에 거래할 의무를 지지 않은 채 장차 거래를 할지 말지 결정할 수 있다.

선물 매입은 아주 중요한 기능을 수행할 수 있다. 불확실성을 줄이고 따라서 위험을 줄일 수 있기 때문이다. 곡물 가격이 높지만 수확하기까지 어느 정도 시간이 걸릴 경우, 농부는 곡물을 현재 가격으로 3개월 후에 팔기로 상인과 계약함으로써 가격을 미리 정해놓을 수 있다. 그렇지만 선물을 순전히 투기 목적으로, 가격 변동에서 이익을 얻으려는 목적으로 매입할 수도 있다. 리슨이 뛰어들었던 금융선물거래는 미래의 가격 변동에 돈을 거는 어느 정도 박식한 도박이었다. 이를 가리켜 수전 스트레인지(Susan Strange)는 '카지노 자본주의'라 불렀다.

'차익거래'(arbitrage)로 돈을 벌 수도 있는데, 이는 시장들 사이에 기술적 이유로 발생하는 가격 차이를 이용하는 방법이다. 이런 가격 차이를 발견하고, 그 가치를 순식간에 계산하고, 거액을 재빨리 옮길 수 있다면, 이 방법으로 큰 차익을 얻을 수 있다. 리슨은 오사카 증권거래소의 선물 가격과 싱가포르 증권거래소의 선물 가격 사이에 1분 이내로 지속되는 작은 차이를 활용할 수 있음을 발견했다. 이런 매매에는 위험이 거의 없었는데, 짧게나마 존재하는 가격 차이를 활용해 계산 가능한 이익을 즉각 얻을 수 있었기 때문이다.

그렇다면 리슨은 왜 그런 사달을 냈을까? 악의 없는 거래 실수와 회계 실수를 처리하기 위해 만들어진 거래실수계좌인 88888계좌를 악용하는 순간부터 그는 미끄러운 경사면을 내려가기 시작했다. 그는 이 계좌에 자신의 손실액을 숨겨두었을 뿐 아니라, 싱가포르 지사 '후선업무'(back office)를 통해 여러 계좌 사이에 일시적이지만 불법적인 이체를 하는 방법으로 점점 쌓여가는 월말 결손금을 감추었다. 무슨 일이 벌어지고 있는지 알아냈어야 하는 회계감사원들은 리슨의 이런저런 조작에 속아 넘어갔다.

88888계좌 덕분에 리슨은 베어링스 은행의 돈으로 도박을 할 수 있었다. 그가 선물 시장에서 위험을 무릅쓰고 공격적으로 거래해 명성을 쌓을 수 있었던 것은 어떤 손실이 발생하든 숨길 수 있었기 때문이다. 이런 손실은 차후 거래로 만회할 수 있었으며 한때 손익 평형에 근접하기도 했다. 하지만 88888계좌를 폐쇄하려면 리슨을 베어링스 은행의 스타 딜러로 만들어준 매매를 끝내야 했을 것이다. 결국 그의 손실액은 다시 쌓이다가 단순히 이 계좌 저 계좌로 옮기는 방법으로는 더이상 숨길 수 없는 지경에 이르렀다.

이 시점에 리슨은 선물 거래와 달리 88888계좌의 월별 결손금을 메울 돈을 즉각 마련할 수 있는 옵션 매도에 뛰어들었다. 그는 미래의 가격 변동에 엄청난 도박을 걸었으나 도쿄 주식 시장은 그의 뜻대로 움직이지 않았다. 손실액이 늘어날수록 그는 가상의 고객 필립 씨를 대신해 거래한다고 둘러대면서 더 위험한 옵션을 더 많이 매도하며 판돈을 키웠다. 그러다 고베 대지진 이후 니케이 지수가 폭락해 손실액이 눈덩이처럼 불어나자 그는 선물을 대량 매수하여 단독으로 증시를 끌어올리려 했다. 그렇지만 하락 압박이 워낙 강해서 지수가 더 떨어졌다. 당시까지 그가 쌓아올린 손실액과 부채를 합하면 베어링스 은행의 총자본보다도 많았다.

어째서 베어링스는 사태가 이 지경이 되도록 놔두었을까? 이 상업은행은 1984년 베어링 증권을 설립해 증권 중개업에 뛰어드는 모험에 나섰다. 이는 성공적인 행보였으며 1989년에 이르자 주로 일본 채권과 주식을 거래해 얻는 이윤이 베어링스 그룹 전체 이윤의 절반에 달했다. 그후 베어링 증권은 갈수록 유행하는 파생상품 거래를 시작했다. 1993년 베어링스 은행은 자사 자본과 베어링 증권의 자본을 통합했는데, 이는 증권 부문의 잠재적인 손실로부터 은행을 보호해주는 '방화

벽'을 없앤 치명적인 행보였다. 이것이 특히 위험했던 것은 베어링스의 고위 경영자들이 새로 시작한 게임을 제대로 파악하지 못했던데다 적절한 경영 구조가 마련되지 않았고 재무 통제가 아주 약했기 때문이다. 사기 위험이 늘 존재하는 이 복잡다단한 금융 세계에서 베어링스는 싱가포르에서 거래를 점검하고 장부를 결산하는 '후선업무'의 트레이더 역할과 매니저 역할을 리슨에게 둘 다 허용함으로써 황금률을 어기고 말았다.

겉보기에 리슨은 베어링스를 위해 큰 이윤을 내는 아주 성공한 딜러였으며, 베어링스는 이런 그를 최대한 밀어주었다. 아이러니하게도 베어링스가 도산할 때 리슨의 상사들은 그의 1994년 활동에 대한 보상으로 상여금 45만 파운드를 주기로 막 결정한 참이었다. 리슨의 매매 때문에 런던에서 돈이 점점 빠져나가고 베어링스가 세계 각지에서 돈을 빌려야 했음에도, 그의 상사들은 자사 스타 딜러가 하는 수익성 있는 거래에 자금을 대고 있다고 생각했다. 리슨이 그토록 오랫동안 처벌을 피할 수 있었던 원인은 비단 금융 시장의 복잡성과 베어링스 내부의 유달리 약한 재무 통제만이 아니라 더욱더 많은 이윤을 갈망한 기업의 욕심에도 있었다.

그렇다면 자본주의란 무엇인가?

이제까지 서로 크게 다른 자본주의의 세 가지 사례를 검토했다. 사례별 사업 활동들은 서로 딴판이긴 해도 모두 이윤을 내기 위한 자금 투자를 포함하는데, 이것이 자본주의의 본질적인 특징이다. 관건은 활동 자체의 성격이 아니라 그 활동에서 이윤을 얻을 가능성이다. 자본주의 사회의 대표적인 특징은, 사회 안에서 이루어지는 사실상 모든 경제 활동의 동인이 자본을 투자해 이윤을 얻을 기회라는 것이다.

자본이란 더 많은 돈을 벌기 위해 투자하는 돈이다. 더 나아가 자본은 투자 가능한 돈, 또는 투자하기 위해 쉽게 돈으로 바꿀 수 있는 모든 자산을 가리키는 용어로 자주 쓰인다. 가령 누군가의 주택을 흔히 그의 자본이라고 하는 것은 주택을 팔거나 담보로 잡히고 대출을 받아서 자본으로 바꿀 수 있기 때문이다. 실제로 소규모 사업은 으레 이런 식으로 시작된다. 그렇지만 재산을 자본으로 바꾸려면 그 재산의 소유권이 명확히 설정되어 있어야 하고, 재산의 가치를 측정할 수 있어야 하며, 소유권을 이전할 수 있어야 하고, 재산을 거래할 시장이 존재해야 한다. 자본주의 사회의 발전 과정에서 나타나는 독특한 특징은 모든 종류의 자산을 자본으로 전환할 수 있게 해주는 제도가 출현한다는 것이다. 에르난도 데 소토(Hernando de Soto)가 설득력 있게 주장한 대로, 제3세계에서 지역 자본주의의 출현을 막는 요인이 바로 이런 제도의 부재, 그중에서도 제대로 기능하는 재산법 제도의 부재다. 이런 이유로 제3세계에서는 재산에 갇혀 있는 막대한 양의 가치가 현금화되지 못하고, 기업가에 의해 생산적으로 사용되지 못한다.

자본가는 자본주의 자체 이전부터 존재했다. 상인은 초창기부터 상품에 투자한 뒤 이문을 남기고 팔아서 돈을 벌었다. 앞서 살펴본 동인도회사의 사례처럼 이런 상업자본주의는 고도로 조직되었고 큰 이윤을 낼 수 있기는 했지만, 전체 경제에서 작은 부분에 지나지 않았다. 대다수 사람들의 생계 수단은 자본을 투자해 자금을 대는 경제 활동이 아니었다. 엄밀한 의미의 자본주의에서는 경제 전체가 자본 투자에 의존하게 되며, 이런 일은 거래 자금만이 아니라 생산 자금 역시 투자를 통해 마련될 때 일어난다.

자본주의적 생산은 임금노동에 기반을 둔다. 마르크스가 말한 '생산수단'을 가진 자본 소유자들과 임금을 받는 대가로 노동력을 판매하는 사람들은 서로 뚜렷이 구분되고 갈등하게 된다. 생산수단은 작업장, 기계류, 원료 등으로, 산업화 이전 사회에서는 자본 소유자뿐 아니라 상품을 만드는 수공업자도 생산수단의 소유자였다. 임금(또는 급여)은 노동자가 판매하는 노동력에 고용주가 지불하는 가격이다. 자본가가 이윤을 가져오는 어떠한 활동에라도 투자하는 것처럼, 노동자는 임금을 지불하는 어떠한 활동에든 취업할 수 있다.

자본주의 사회에서는 자본과 노동 모두 추상적이고 이탈적인 특성을 띤다. 둘 다 특정한 경제 활동에서 분리되고 따라서 원리상 적절한 보상을 주는 어떠한 활동으로든 나아갈 수 있기 때문이다. 실생활에서 이런 이동은 자본가와 노동자 양측의 기존 능력과 경험에 의해, 그리고 그들이 형성한 관계와 애착에 의해 제한된다. 그럼에도 자본과 노동의 잠재적 이동성은 자본주의 사회의 특징 중 하나로서 자본주의 특유의 역동성을 사회에 부여한다.

임금노동은 자유롭기도 하고 자유롭지 않기도 하다. 소유주에게 노동하도록 강요당하는 노예와 달리 임금노동자는 노동을 할지 말지, 누구를 위해 할지를 결정할 수 있다. 영주의 땅에 매여 살았던 봉건 사회의 농노와 달리 임금노동자는 자유로이 이주할 수 있고 어디서나 일자리를 구할 수 있다. 다른 한편 이런 자유는 얼마간 허상인데, 자본주의 사회에서는 유급 노동을 하지 않고 살기가 어렵고 노동의 종류와 고용주를 거의 고를 수 없기 때문이다. 또 임금노동자는 고용주의 철저한 통제를 받거니와, 앞서 살펴본 면공장 사례처럼 자본주의적 생산 공정에서 새로운 종류의 규율 잡힌 연속 노동을 해야 했다. 마르크스의 말마따나 노동자는 '임금노예'가 되었다.

임금노동의 중요성은 생산 역할만이 아니라 소비 역할에도 있다. 임금노동자는 필요하거나 소비하고 싶은 재화를 스스로 생산할 수 없으므로 구입해야 하고, 그로써 일군의 새로운 자본주의 기업들 전체를 활성화하는 수요를 만들어낸다. 그런 수요에는 음식과 옷, 개인 소유물뿐 아니라 여가 활동까지 포함된다. 앞서 봤듯이 자본주의적 생산이 도입되자 곧 여가의 상업화에 기초하는 새로운 산업들이 우후죽순 생겨났다. 생산과 소비의 역동적 상호작용을 가능하게 해준 임금노동의 이런 이중 역할은 자본주의적 생산이 일단 작동하기 시작하자 그토록 빠르게 확대된 이유를 설명해준다.

상인과 마찬가지로 시장은 전혀 새롭지 않다. 하지만 시장은 매우 새롭고 더 추상적인 방식으로 자본주의 사회의 중심을 이룬다. 자본주의 사회에서는 생산과 소비가 분리되어 있고(사람들은 자기가 생산하는 것을 소비하거나 자기가 소비하는 것을 생산하지 않는다) 상품과 용역을 사고파는 시장을 통해서만 연결되기 때문이다. 시장은 당신이 스스로 생산하지 않는 약간의 물품을 추가로 구매하는 장소가 아니라 어떤 물품이든 구할 수 있는 유일한 수단이 된다. 시장은 장터에만 있는 것이 아니라 구매자와 판매자가 교환을 하는 곳이면 어디에든 존재하며, 오늘날 흔히 시장 하면 가격이 표시되고 거래가 기록되는 어떤 전자 공간을 의미한다. 이 말은 상품과 용역뿐 아니라 노동, 통화, 자본에도 적용된다. 임금, 즉 노동의 가격은 고용주들이 노동력을 놓고 경쟁하고 노동자들이 일자리를 놓고 경쟁하는 노동시장에서 정해진다. 돈 자체도 통화시장에서 사고팔린다. 기업 소유권은 증권거래소에서 사고팔린다.

앞서 살펴본 면공장 사례처럼 시장은 자본주의 기업들 간의 격렬한 경쟁을 유발한다. 기업들은 이를테면 노동력을 더 효율적으로 착취하거나, 기술 혁신을 도입해 비용을 절감하거나, 제품을 더 효과적으로 마케팅하는 등 여러 방식으로 경쟁한다. 기업들은 경쟁에서 이기거나 적어도 뒤처지지 않기 위해 끊임없이 변화하는 수밖에 없다. 물론 일부 기업은 그러지 못해 파산하여 직원들을 실직으로 내몬다. 상업자본주의의 독점 관행과 현저히 대비되는 이런 경쟁 상태로 인해 자본주의적 생산은 유달리 역동적인 생산이 된다.

그럼에도 자본주의 기업들은 경쟁을 줄일 방법을 찾아왔다. 경쟁자들보다 우위에 있는 기업은 치열한 경쟁을 즐길 수 있을지 모르지만, 이런 경쟁은 불확실성을 만들어내고 이윤을 줄이고 파산을 초래하기도 한다. 이런 이유로 기업들은 경쟁을 규제하기 위해 동업조합을 결성한다. 또 가격 경쟁을 벌이지 않기로 하거나 모두 똑같은 임금률을 적용하기로 결정하는 식으로 시장을 조작하기도 한다. 합병과 인수를 통해 더 적은 수의 기업들에 생산을 집중함으로써 경쟁을 줄이기도 한다. 자본주의에는 둘 다 똑같이 자본주의의 특징을 이루는 경쟁과 집중 간의 긴장관계가 항상 내재한다.

시세가 변화하는 까닭에 어떤 시장이든 투기를 통해 돈을 벌 기회를 제공한다. 어떤 상품을 장차 더 높은 가격으로 판매할 것을 기대하며 사들일 때, 아울러 그 상품을 어떤 식으로든 가공하여 가치를 높이지 않을 때, 투기는 일어난다. 거의 모든 상품이 투기의 대상이 될 수 있다. 곡물일 수도 있고, 통화일 수도 있고, 파생상품일 수도 있고, 노예일 수도 있다. 이런 식의 투기는 흔히 비생산적이고 기생적인 활동, 재화와 용역을 생산하는 실물경제와 완전히 분리할 수 있는 활동으로 간주된다. 그러나 비록 대개 비생산적일지라도 투기는 단순히 돈을 버는 방법이 아니라 위험을 피하는 방법이기도 하다. 공급과 수요의 관계가 언제나 변화하는 탓에 시장은 불안정하다. 재고를 늘리고 쟁여두는 것은 이윤을 갉아먹고 사업을 망칠 수 있는, 피하고픈 시세 변동에 대비해 보험을 드는 방법이다. 닉 리슨이 투기했던 것과 같은 선물 거래는 불확실성을 줄이는 또다른 길이며, 예측 불가능한 미래의 가격 변동으로부터 생산자와 상인을 보호하는 정교한 방법으로서 오래전에 고안되었다.

1970년대에 고정환율제에서 변동환율제로 바뀐 데 이어 1980년대와 1990년대에 통화 거래량이 엄청나게 늘어나자, 미래 통화 가치의 불확실성이 대폭 커졌다. 이 불확실성을 줄이는 방법 중 하나는 '헤지'(hedge), 즉 통화선물을 매입해 향후 가격 변동에 따른 위험으로부터 투자금을 보호하는 것이었다. 요컨대 비록 대부분의 통화선물 거래가 의심할 나위 없이 투기적이긴 하지만, 이 시장의 확대와 이에 연관된 금융 혁신은 실제로 경제적 필요에 따라 이루어진 것이었다.

이 말은 기업 주식의 투기적 거래에도 적용된다. 자본시장의 존재는 자본주의에 극히 중요하다. 자본주의가 기능하는 데 자본시장이 없어서는 안 되는 것은 이 시장이 경제 활동에 자금을 대려는 이들과 투자할 돈을 가진 이들을 맺어주기 때문이다. 기업의 경제적 상황과 수익성이 변화함에 따라 기업 주가가 오르내리는 까닭에, 향후 가격 변동에 투기할 기회는 생길 수밖에 없다. 투기는 자본주의와 별개인 무언가가 아니라 자본주의의 본질적 메커니즘에서 자라나는 불가피한 파생물이다.

그렇다면 자본주의란 무엇이냐는 우리 물음의 답은 자본주의가 돈을 더 많이 벌기 위해 돈을 투자하는 활동을 필연적으로 포함한다는 것이다. 상인이 오래전부터 이렇게 투자하긴 했지만, 사회를 변형하는 자본주의는 생산 자금이 이런 투자 방식으로 조달되고서야 비로소 등장했다. 자본주의적 생산은 임금노동 착취에 의존한다. 또 임금노동은 자본주의 기업이 생산하는 상품과 용역의 소비를 촉진하는 역할을 한다. 생산과 소비는 모든 경제 활동을 중개하는 시장을 통해 연결되어 있다. 시장은 기업 간 경쟁을 가능하게 하지만, 불확실성을 줄이기 위한 기업 집중 경향을 낳기도 한다. 자본주의의 투기적 형태는 시가 변동에 기반하며, 비록 생산적이지 않을지는 몰라도 투기의 바탕에는 자본주의 경제의 작동에 필수적인 메커니즘이 있다.

제 2 장

자본주의는 어디서 기원했는가?

자본주의는 영국에서 획기적인 발전을 이루었다. 따라서 논리적인 물음은 영국이 어째서 자본주의가 자라날 유달리 비옥한 토양을 제공했느냐는 것이다. 실제로 자본주의의 기원에 대한 일부 설명은 이 물음에 답하는 선에서 만족한다. 엘런 메이크신즈 우드(Ellen Meiksins Wood)는 자본주의의 기원을 잉글랜드에서, 그리고 퍽 놀랍게도 농업에서, 즉 지주, 소작인, 농민의 관계에서 찾는다. 이 장의 첫 절에서는 우드의 접근법에 크게 빚지고 있는 논증과 비슷한 노선을 따라간다. 하지만 이것으로 그쳐도 될까? 나는 영국 기원 논증에서 더 나아가 자본주의는 궁극적으로 유럽 현상으로 보아야 한다고 주장한다. 자본주의의 기원 탐구에서 중요한 문제는 왜 영국에서 발전했느냐는 것보다는 왜 유럽에서 출현했느냐는 것이다.

왜 영국이었는가?

19세기 영국은 최초의 산업사회였지만, 19세기에 산업주의가 가능했던 것은 18세기에 자본주의가 획기적으로 발전했기 때문이다. 시장관계가 확산되고 소비가 증가하면서 산업생산에 투자해 이익을 남길 수 있을 만큼 많은 수요가 창출되었다. 산업노동이 단조로웠고 공장 여건이 대개 암울했음에도, 사람들은 상품에 지출할 돈을 벌기 위해 산업 일자리를 구했다. 자본 소유자는 노동자들을 공장에 모으고 기계를 도입하고 노동을 새로운 방식으로 조직하는 등 노동을 통제함으로써 생산성을 높일 수 있었다.

18세기에 고용주와 노동자의 관계에서 이미 자본주의적 관계의 증거가 뚜렷하게 드러나고 있었다. 노동조합과 노사갈등을 보통 19세기와 연관짓지만, 노동과 자본 간의 조직화된 이익 충돌은 이미 18세기부터 일어나고 있었다. 이 세기 동안 대다수 수공업 노동자들은 어느 시점에 노동조합의 전신인 '동업조합'(combination)을 스스로 결성했다. 그렇게 한 명백한 이유는 임금을 더 적게 지불하거나 숙련노동자를 덜 고용해 노동 비용을 줄이려는 자본가 고용주의 시도에 맞서 노동자들 자신을 지킬 수 있는 유일한 방법이 집단 조직화라는 데 있었다.

이 방식으로 처음 조직화된 노동자 집단은 영국 남서부 의류산업의 소모공(梳毛工)들이었다. 1700년 티버턴의 소모공들은 '우애조합'을 결성해 최저임금을 정하고 직물업자의 비회원 고용을 막으려 했다. 아일랜드에서 이미 소모 공정을 마친 양모를 수입하려던 고용주들에 맞서 그들은 폭력적 분규를 벌였는데, 이는 외국의 더 값싼 노동력을 활용하는, 오늘날 익숙한 전략의 초기 사례였다. 이에 대응해 소모공들은 아일랜드산 양모를 불태우고 직물업자들의 집을 공격하는 등 재산을 파괴했으며, 결국 지역 보안대와 격전을 치르기까지 했다.

사회의 경제적 기반에 관한 전형적인 자본주의적 사고방식이 처음 제기된 곳도 18세기 영국이었다. 애덤 스미스(Adam Smith)는 분업, 경쟁, 시장의 자유로운 작동, 이윤을 위한 생산 등의 장점을 분명하게 제시했다. 이 시대의 핵심 사상가들은 주변 어디서나 출현하는 듯한 자본주의 경제의 메커니즘과 원리를 검토하고 있었다. 그후 그들의 사상은 사뭇 다른 이데올로기적 전환을 거쳐 19세기 자본주의의 역학에 관한 카를 마르크스의 분석 작업에 비판적으로 통합되었다.

자본주의적 생산이 18세기 영국에서 그토록 확산된 이유는 무엇이었을까? 한 가지 가능한 설명은 그 이전에 상업자본주의가 성장했다는 데 있다. 제1장에서 설명했듯이, 상업자본주의는 17세기에 특히 동인도회사의 형태로 튼튼하게 성장했다. 일단 교역을 통해 축적된 자본은 생산에 투자될 수 있었다. 더욱이 국가를 뒷배로 둔 상업자본주의는 영(英) 제국의 팽창을 불러왔으며, 제국은 다시 산업 제품을 거래할 보호받는 시장을 마련해주었다. 그 결과 18세기 동안 인도가 영 제국에 통합되었고, 19세기에 랭커셔 면공업이 대체로 인도 시장에 의존하게 되었다.

그렇지만 상업자본주의는 이런 연계들이 시사하는 것만큼 자본주의적 생산의 성장과 밀접하게 연관되지 않았다. 18세기 영국에서 자본주의적 생산이 성장한 원인은 국외 수요보다 국내 수요에 있었다. 산업자본주의와 제국의 상호 의존은 미래의 일이었다. 여하튼 제1장에서 언급했듯이, 국제 교역이라는 모험사업을 계획한 이들은 생산 비용을 줄이는 일보다는 동양에서 상품을 사는 가격과 유럽에서 팔 수 있는 가격 사이의 엄청난 차이를 이용해 돈을 버는 일에 더 신경을 썼다. 그들은 기술 개발과 노동 조직보다는 시장 조작에 더 관심이 많았다. 만약 그들이 자본을 다른 방식으로 투자하려 했다면, 좋은 이율로 정부에, 특히 잦은 전쟁에 자금을 대려는 통치자에게 빌려주었을 가능성이 더 높다.

영국에서 자본주의적 생산의 기원을 찾으려면 상업자본주의보다는 그 이전 16세기에 이루어진 생산과 소비, 시장의 성장을 살펴봐야 한다. 실제로 어떤 이들은 탄광업 같은 대규모 사업들의 출현을 근거로 들어 산업혁명이 이미 16세기에 일어나고 있었다고 주장했다. 당시에는 대부분의 생산이 소규모였고 작업장이나 가정에서 이루어졌던 만큼 현대적 의미의 산업생산이었다고 말하기 어렵지만, 의류와 일반 가사용품, 이를테면 단추와 리본, 핀과 못, 소금, 풀과 비누, 담뱃대, 부엌칼과 공구, 자물쇠, 솥과 냄비, 타일과 벽돌 등을 생산하는 제조업은 그 무렵 눈에 띄게 성장했다. 16세기 잉글랜드에서는 임금노동이 갈수록 흔해지고 있었으며 전체 가구의 절반 이상이 적어도 어느 정도는 임금노동에 의존하고 있었다. 이는 곧 사람들이 상품을 구매할 돈을 가지고 있었고 시장관계가 그들의 일상에서 점점 더 중요해지고 있었다는 뜻이다. 이 시기 영국에는 런던에 거점을 둔 교역상들에 힘입어 전국 단위 시장이 이미 뚜렷하게 출현해 있었다.

계급을 조직하려는 움직임은 임금노동의 성장과 함께 처음 나타났다. 앞서 18세기 수공업자들이 '동업조합'으로 두루 조직되고 있었음을 살펴보았다. 그렇지만 노동자 조직화는 그보다 훨씬 앞서 시작되었다. 16세기 영국에서 확실히 자리잡은 '직인협회'들의 기원은 14세기까지 거슬러올라갈 수 있다.

문자 그대로는 '날품팔이'를 뜻하는 직인(journeyman)들은 장인에게 단기간 고용되었다. 저마다 숙련도가 다르긴 했어도 직인들은 보통 도제 과정을 마쳤지만 아직 장인 자격을 얻을 만한 숙련도와 경험을 갖추지 못한 수공업자였다. 장인들은 갈수록 직인들의 장인 자격 획득을 막고 직종을 통제하는 길드에서 그들을 배제하면서 계속 싸게 부려먹으려 했다. 직인들의 대응은 자기네 지위를 지키고 임금 인상과 노동조건 향상을 단체로 협상하기 위한 조직화였다. 직인협회들의 의례적인 활동에 아직도 중세적인 면이 많이 보이긴 했지만 그들은 아주 근대적인 무기를 사용하기도 했다. 일례로 1424년 코번트리에서 직물업 직인들은 임금 인상을 위해 파업에 돌입했으며, 결국 시 당국이 개입해 합의를 이끌어내야 했다. 요컨대, 이처럼 이른 시점에 이미 수공업자들은 서로 갈등관계인 고용하는 계급과 노동하는 계급으로 갈라지고 있었다.

이 단계에서는 대부분의 수공업 생산에 자본이 거의 투입되지 않았지만, 일부 직종, 그중에서도 직물업에서는 '선대제'(先貸制)라는 생산의 새로운 형태가 생기고 있었다. 직물업의 경우, 상인이 자기 자본으로 양모를 구매해 방적공과 직조공에게 미리 대주고 나서 옷감을 수거하고, 그 옷감을 다시 다른 수공업자들에게 분배해 생산 공정을 마무리한 뒤 마지막으로 판매하는 방식이었다. 상인들이 선대제를 조직하긴 했지만,

그들은 국제 교역에 참여한 상인들보다 생산 공정에 훨씬 더 가까웠다. 실제로 그들은 대개 수공업자 출신이었다.

선대제는 자본주의적 생산으로 가는 길에서 분명하고도 중요한 단계였다. 선대제는 엄밀한 의미에서 자본주의적 생산은 아니었다. 자본 소유자가 원료와 제품을 소유하긴 했지만 생산수단 전체를 소유하진 않았기 때문이다. 예를 들어 직조공들은 보통 집에서 자기 베틀로 작업했다. 생산 공정은 여러 작은 단위들로 나뉘어 있었으며, 상인은 공정을 통제하거나 노동자를 직접 감독하지 않았다. 그렇지만 선대제의 나중 형태에서는 직조공이 자본주의적 고용주로부터 베틀을 빌리거나 고용주 소유의 작업장에서 작업공간을 임대하기도 했는데, 그로써 고용주는 직조공에 대한 통제를 강화할 수 있었다. 선대제는 서서히 근대식 공장으로 바뀌어갔다. 다만 선대제는 공장과 함께 존속했고 직물업에는 여전히 남아 있다. 보통 이 산업의 마무리 작업은 지금도 재택노동자에게 외주를 주기 때문이다.

요컨대, 우리는 자본주의적 생산의 기원을 찾아 멀리까지, 16세기와 그 이전까지 거슬러올라갈 수 있다. 영국 사회에서 자본주의로 향하는 이런 초기 추세가 나타난 것은 어떤 원인 때문이었을까? 주장하건대 그 원인은 시골에서 일어난 사회관계의 변화였다.

봉건 영주의 생계수단은 토지에 매여 있는 자유롭지 않은 농민층으로부터 생산물이나 노동력, 현금을 받아낼 권리였다. 하지만 15세기에 시장관계가 봉건관계를 대체하기 시작했다. 영주는 지주로 변모해갔으며, 지주의 생계수단은 시장에서 소작권을 놓고 경쟁하는 소작농이 지불하는 지대였다. 토지는 갈수록 임금노동을 통해 경작되는 한편, 사고팔 수 있는 재산이 되어갔다.

15세기 말에 시작되어 19세기까지 단속적으로 이어진 인클로저 운동(enclosure movement)은 이런 토지소유권의 변화를 상징한다. 토지에 울타리를 둘러친 이 운동으로 인해 곳에 따라 지역 주민 모두가 이용할 수 있었던 공유지가 사유재산으로 바뀌고, 공유지를 이용할 권리에 의지해 살아가던 주민들이 이 땅에 들어가지 못하게 되었다(그림 2). 때로 인클로저는 단순히 예로부터 쪼개져 있었던 특정 개인 소유의 여러 필지를 더 관리하기 쉬운 하나의 단위로 합치는 작업이었다. 그 결과 토지가 개인 소유자별로 뚜렷하게 구획되었다. 결국 인클로저는 중세의 복잡한 토지 이용 패턴을 타파하고 토지를 매매 가능한 재산으로 바꾸어놓았다.

시장 지향형 농업은 자본주의적 생산이 발전하는 데 결정적으로 기여했다. 농장주 간 경쟁은 혁신과 생산성 향상으로 이어졌고, 그 덕분에 증가하는 비농업 인구에게 식량을 공급

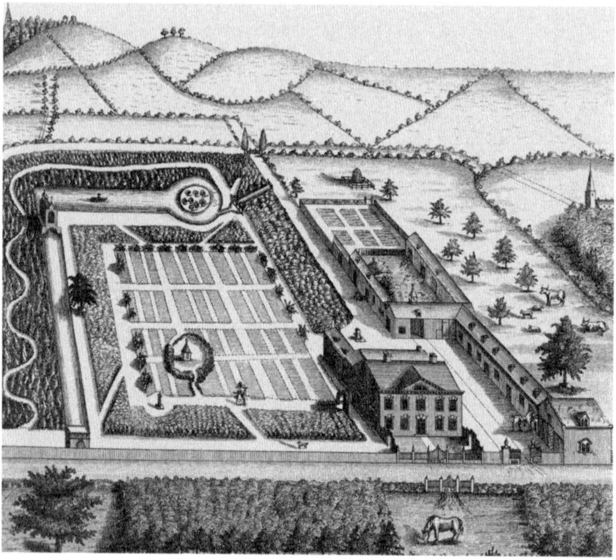

2. 영국의 인클로저 풍경. 18세기 레스터셔주 버비지에 있던 데이비드 웰스의 사유지로, 울타리를 친 밭으로 둘러싸인 시범 농장을 보여준다.

할 수 있었다. 농산물을 시장에서 거래하는 농장주들과 이들로부터 임금을 받는 농업노동자들은 소비재에 지출할 돈을 가지고 있었다. 농업 능률이 높아져 노동력 수요가 줄어들자 농업노동자들이 이런 소비재를 생산하는 업종으로 이직했으며, 실제로 시골 지역에서 새로운 생산 중심지들이 출현해 소비재 생산을 늘려나갔다.

봉건관계가 시장관계로 대체된 이유는 무엇일까? 봉건관계 쇠퇴의 원인으로 흔히 꼽는 요인은 흑사병의 충격이다. 15세기 잉글랜드에서 봉건 영주들은 자신의 권리를 강요하고 예속 농민들의 이주를 통제하는 능력을 상실했는데, 이는 대체로 흑사병의 결과였다. 흑사병은 14세기 중엽 전체 인구 중 약 3분의 1의 목숨을 앗아갔고, 그리하여 대폭 줄어든 농업노동자들에게 영주의 권리 강요에 저항할 힘을 실어주었다. 노동력이 부족해지자 농민들은 억압적인 영주로부터 달아나 다른 곳에서 일자리를 구할 수 있었다. 그렇지만 흑사병은 유럽 전역의 현상으로서 어디서나 똑같은 결과를 가져왔던 것은 아니며, 그 자체로는 영국에서 14세기 이전부터 봉건제가 쇠퇴한 이유를 설명하지 못한다.

그렇다면 왜 영국에서 먼저 봉건제가 쇠퇴했을까? 주장하건대 영국에서 봉건제가 덜 단단하게 확립되었기 때문일 것이다. 진정으로 봉건적인 사회에서는 사법적·군사적 권한이 지역 영주들에게 분산되어 있었다. 이렇게 권한과 무력이 분산된 현실에서 영주들은 권력을 동원해 농민층을 예속시키고 착취할 수 있었다. 그렇지만 엘런 메이크신즈 우드에 따르면, 잉글랜드는 1066년 노르만족 정복 이래 상대적으로 통일되고 질서와 결속력이 있는 군주국이었다. 16세기경 튜더 왕조 치하에서 잉글랜드는 유럽에서 봉건제와 가장 거리가 먼 국가, 가장 통일되고 중앙집권화된 국가가 되었다. 잉글랜드의 통치계급은 유럽 대륙의 통치계급과 비교해 농민층으로부터 잉여물을 얻어내는 데 지역의 군사력을 덜 사용했다. 그들은 토지소유권, 지대, 임금노동에 따른 경제적 메커니즘에 더 의존했다. 또한 상대적으로 통일된 국가가 전국 단위 시장의 출현을 촉진했다.

결국 우리는 '왜 영국이 최초의 자본주의 사회가 되었는가?'라는 물음의 답을 1066년에서 찾게 된다. 그렇다고 해서 해럴드 국왕의 눈에 박힌 화살이 영국에서 자본주의가 발전한 원인이었다는 뜻은 아니다!〔1066년 헤이스팅스 전투에서 잉글랜드 국왕 해럴드는 노르만군의 화살을 눈에 맞고 쓰러졌다고 한다—옮긴이〕 오히려 노르만족 정복의 결과로 다른 유럽 사회들보다 명실상부한 자본주의가 등장하기에 유리한 사회가 잉글랜드에서 형성되었다는 뜻이다.

유럽의 자본주의

영국 사회에서 최초로 생산 공정 전반이 자본주의적 성격으로 변하긴 했지만, 자본주의가 출현한 사례는 유럽의 다른 사회들에도 많이 있다. 사실 자본주의적 조직화의 기법은 때로 유럽의 다른 사회들에서 훨씬 더 발달했다.

유럽에는 이미 자본주의적 생산의 오랜 역사가 있었다. 선대제는 플랑드르 또는 이탈리아에서 기원한 것으로 보이고, 14세기와 15세기에 독일에서 널리 퍼졌다. 플랑드르에서 초기에 선대제를 조직한 장인 직조공 겸 포목상들은 자본이 별로 없어도 이 제도를 운영할 수 있었지만, 13세기에 이곳에서 더 복잡한 생산 공정과 더불어 고급직물업이 성장하자 대규모 자본을 운용하는 '상인 겸 기업가'들이 등장했다. 이 산업은 잉글랜드산 양모를 수입했다. 그러므로 잉글랜드에서 이루어진 농업의 상업화와 플랑드르에서 이루어진 자본주의적 직물 생산이 서로 연결되어 있었던 것이며, 이는 자본주의를 유럽적 성격의 현상으로 다루어야 할 필요성을 분명하게 보여주는 증거다.

상인자본은 유럽 대륙의 광업 운영에도 깊숙이 관여했다. 15세기 말에 상인자본가들은 유럽 북부와 중부의 광업을 재편했다. 지표에서 가까운 광상(鑛床)들이 고갈되고 나자 구리든 금이든 은이든 납이든 심부 채광을 하려면 많은 자본이 필요했으며, 이 기회를 틈타 아우크스부르크의 푸거 가문을 위시한 상인들이 광업에 진출해 생산을 장악했다. 푸거 가는 애초에 교역이나 합스부르크 황제들을 상대로 한 대부를 통해 재산을 모았지만, 그후 오스트리아와 헝가리에서 광업 운영에 투자해 재산을 더욱 불렸다. 이 가문의 헝가리 광산은 노동자 수백 명을 고용했고 수익성이 아주 높았다. 중유럽 광산들에서 지난날 독립적이었던 광부들이 임금노동자가 되었으며, 독일어로 노동자를 뜻하는 단어 '아르바이터'(Arbeiter)가 이 시기부터 쓰이기 시작했다.

유럽의 몇몇 도시에서도 자본주의적 생산으로 나아가는 초기 징후가 나타났다. 특히 빠르게 발달하는 인쇄업에서 그 징후가 뚜렷했다. 비록 대다수 인쇄소가 소규모였으나 인쇄기를 구입하고 임금이나 종이, 활자 비용을 대려면 자본이 필요했다. 이윤이 노동 비용을 낮추는 데 달려 있었기 때문에, 인쇄 장인들과 조합을 결성해 똘똘 뭉친 직인들 사이의 분규가 잦았다. 1539년 리옹과 1541년 파리에서 대규모 인쇄공 파업이 벌어졌고, 1567년과 1571년에 두 도시에서 다시 파업이 불타올랐다.

이 무렵 자본주의적 생산은 영국뿐 아니라 유럽 전역에서 발전하고 있었지만, 자본주의의 성장을 생산의 관점에서만 봐서는 안 된다. 자본주의의 상업·금융 기법들은 초기에 영국

외부에서 발전했다. 상업자본주의는 17세기 영국보다 17세기 네덜란드에서 더 발전했으며, 기업 금융의 중대한 혁신은 영국 동인도회사가 채택하기 한참 전에 네덜란드 동인도회사가 이루어냈다. 네덜란드 동인도회사의 자본은 1609년 영구적인 자본이 되었다. 이제 투자자들은 '합자'회사로부터 배당금을 받았고, 주식을 팔 수는 있어도 자본을 회수할 수는 없었다. 이 혁신 덕분에 기업들은 장기적으로 자본을 축적함으로써 더 영구적이고 독립적으로 존속할 수 있게 되었다. 또한 이 혁신으로 주식시장이 생겨났는데, 같은 시기 암스테르담에 증권거래소가 설립된 것은 우연이 아니다(그림 3).

이 장의 첫 절에서 말했듯이, 상업자본주의의 이런 혁신들은 자본주의적 생산의 성장과 별로 관계가 없었을 것이다. 동인도회사들과 이에 결부된 주식시장들의 세계는 제조업과 별로 관련이 없었다. 실제로 영국 산업화의 초기 단계에 투자된 자금은, 제1장에서 서술한 맥코넬과 케네디의 사례가 보여주듯이, 합자회사를 통해 마련된 것이 아니었다. 초기의 대다수 산업기업들은 비교적 작은 사업체로서 가문이나 지역의 대부를 통해 자금을 조달했고, 그후 이윤을 얻어 자본을 축적했다.

그렇지만 금융 혁신은 19세기 후반 자본주의적 생산을 지배하게 된 대규모 산업기업들이 성장하는 데 결정적으로 중요했다. 우리가 살고 있는 자본주의 세계의 기원을 이해하고

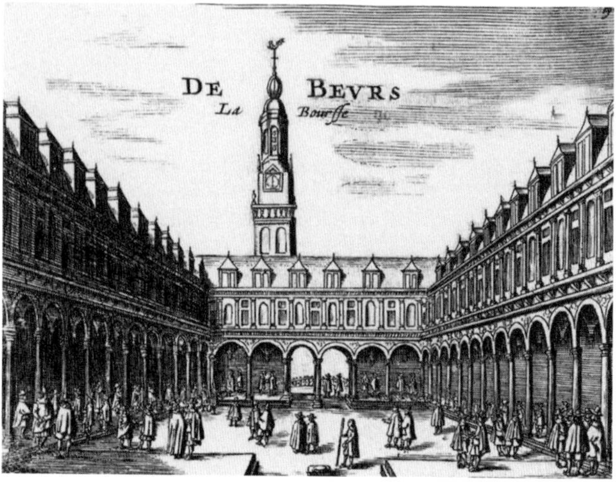

3. 암스테르담 증권거래소. 1608~1613년 건립.

자 한다면, 대기업의 성장을 이해하는 일이 자본주의적 생산 자체의 출현을 이해하는 일만큼이나 중요할 것이다. 일련의 작은 단계들을 거치며 차츰차츰 이루어진 자본주의적 생산의 성장보다는 대기업들이 조직한 대규모 자본집약적 공정의 확립이야말로 과거와 단절한 일대 사건이었다. 이 관점에서 보면, 17세기 네덜란드 상업자본주의의 금융 혁신은 극히 중요한 변화였다.

이런 혁신 자체의 기원은 17세기 네덜란드에서 16세기 안트베르펜(앤트워프)으로 더 거슬러올라갈 수 있다. 이곳 상인들은 교역 모험사업에 쓸 자금을 조달하고 폭넓은 '수동적' 투자자들의 자본에 의지해 위험을 분산하는 새로운 기법들을 개발했다. 안트베르펜은 환어음에 기초하는 금융 혁신의 중심지이기도 했다. 환어음은 오래전부터 교역에서 아주 중요한 윤활제 역할을 했다. 환어음 덕분에 다른 장소에서, 설령 유럽의 반대편에서 상품을 구매한 상인일지라도 현지에서 대금을 지불할 수 있었기 때문이다. 16세기에 환어음은 더이상 특정한 교역거래에 국한된 수단이 아니라 국제적인 송금 수단이 되었으며, 그로써 유럽 자본시장이 생겨날 길을 열었다. 또한 안트베르펜에 '잉글리시 하우스'라는 상품시장이 형성되어 선물 거래가 이루어지기 시작했다. 다시 말해 이곳에서는 상품을 주고받지 않은 채 미리 잉글랜드산 양모를 매매하는 계약이 체결되었다.

우리는 16세기 안트베르펜에서 과거로 더 거슬러올라갈 수 있다. 자본을 조달하고 교역 자금을 융통하는 이런 기법들의 선례를 12세기 이탈리아 도시들에서, 그중에서도 제노바와 베네치아에서 찾을 수 있기 때문이다. 환어음의 가장 이른 형태는 12세기 후반 제노바에서 연원했다. 그리고 여러 도시의 상인들은 국제 교역의 위험을 줄이기 위해 항해에 자금을 대고 위험과 이윤을 공유하는 새로운 형태의 파트너십을 개발했다. 14세기경에 발달한 복식부기는 국제 무역거래를 훨씬 더 면밀하게 통제할 수 있게 해주었다. 자본주의 역사에 관한 초기 서술에서 크게 강조되었던 이런 종류의 혁신들은 근래에 자본주의적 생산의 발전이 더 강조되면서 서술에서 배제되었다. 그렇지만 현대 세계를 지배하는 기업-금융 자본주의의 기원을 이해하려면 마땅히 다시 강조해야 한다.

중세 상업의 영역이 전 유럽을 아울렀던 까닭에, 이런 혁신들은 금융과 상업 면에서 가장 앞선 중심지들—맨 처음은 이탈리아, 그다음은 플랑드르, 또 그다음은 네덜란드—로부터 유럽을 종횡으로 잇는 네트워크를 통해 빠르게 퍼져나갈 수 있었다. 14세기 이탈리아의 선도적인 상업 및 은행업 가문들은 플랑드르, 잉글랜드, 프랑스에 지점을 두고 있었다. 그들은 잉글랜드 국왕들이 해외에서 벌이는 군사적 모험에 자금을 대기까지 했다.

상업관계뿐 아니라 망명자들의 이주, 특히 16세기와 17세기의 이주 역시 그런 네트워크가 형성되는 데 이바지했다. 16세기 후반에 이탈리아와 플랑드르 출신 망명자들은 자신의 지식과 공예술, 자본과 함께 스위스, 독일, 네덜란드, 잉글랜드 같은 타국으로 이주했다. 프랑스의 칼뱅주의 개신교도인 위그노들은 잉글랜드와 스위스로 이주하거나 추방당한 뒤 현지에서 레이스와 견직물 제조, 시계 제작 같은 새로운 산업을 시작했다. 유대인 상인들은 이베리아 반도에서 추방당해 유럽 전역으로 흩어졌으며, 그중 일부는 안트베르펜으로 이주했다가 그곳에서 다시 추방당해 암스테르담으로 갔다.

망명자를 받아들이는 열린 태도는 잉글랜드에서 자본주의적 생산이 발전하는 데 큰 도움이 되었다. 카를로 치폴라(Carlo Cipolla)는 오늘날의 이민에 대한 토론과 흥미롭게 공명하는 잉글랜드의 경제적 흥기를 논하는 가운데 그간 망명자들의 경제적 기여가 간과되었다고 주장하고, 엘리자베스 시대 잉글랜드의 '이례적인 문화적 수용성'을 지적했다. 실제로 이 시기 잉글랜드는 쇠퇴하는 직물업을 되살리기 위해 최신 기법과 제품에 익숙한 망명자들을 프랑스와 플랑드르에서 의도적으로 데려왔다. 망명자들의 덕을 본 것은 직물업만이 아니었다. 그들이 유리와 종이, 철물 제작 분야의 새로운 기법도 들여왔기 때문이다.

종교개혁과 대항종교개혁에 뒤이은 종교적 관용과 종교전쟁은 망명자들의 이주를 촉발했다. 다만 종교만이 이주의 이유였던 것은 아니다. 전쟁과 군사 점령에 따른 경제적 혼란도 플랑드르에서 네덜란드로 이주한 주된 이유였다. 게다가 오늘날의 세계와 마찬가지로 그들이 경제적 이유로 망명했는지 아니면 양심과 신념 때문에 망명했는지 구별하기란 쉬운 일이 아니다. 대체로 말해 망명자들이 떠난 지역들은 경제적으로 침체되어 있거나 쇠퇴하는 곳이었고, 정착한 지역들은 경제 발전을 선도하는 곳이었다. 경제를 선도하는 지역은 이탈리아에서 독일로, 플랑드르로, 뒤이어 네덜란드로 바뀌었고, 나중에야 영국으로 바뀌었다. 앞서 언급했듯이 영국에서 소비와 생산 모두 수백 년간 꾸준히 증가해온 터였지만, 영국이 네덜란드를 따라잡고 유럽 제1의 자본주의 국가가 된 것은 18세기의 일이었다.

경제 선도국은 교역의 변동, 전쟁의 영향, 정치적·경제적 변화 때문에 바뀌기도 했지만, 오늘날처럼 국제 경쟁과 성공의 덫 때문에 바뀌기도 했다. 예를 들어 16세기에 이탈리아 경제가 쇠퇴한 것은 어느 정도는 교역이 지중해에서 대서양으로 이동했기 때문이지만, 동시에 더 낮은 비용으로 생산하는 북유럽 국가들과의 경쟁에 직면했기 때문이기도 하다. 이탈리아 도시들은 고품질 상품을 생산하는 수공업이 번성할 수 있는 환경을 제공했다. 그러나 임금이 상승했고, 길드의 조직과 규제가 혁신을 가로막았다. 시골 지역들에서 저비용 생산을 근절하려던 시도는 상황을 더욱 악화시키기만 했다. 오늘날 제3세계의 일부 국가들처럼, 북유럽의 저개발 국가들은 경쟁에서 기존의 생산 중심지들을 이길 수 있었다.

따라서 자본주의적 생산이 영국에서 처음 자리잡은 이유를 합리적으로 물을 수는 있지만, 자본주의의 기원을 영국에서만 찾는 것은 큰 잘못이다. 한 가지 이유는 자본주의적 조직의 핵심 특징들이 영국 밖에서 연원했기 때문이다. 그렇지만 가장 중요한 이유는 자본주의가 출현하던 무렵에 뚜렷한 국가 자본주의가 존재하지 않았다는 것이다. 당시 사업 네트워크는 전 유럽을 아울렀고, 상인과 노동자는 국경을 넘나들었으며, 유럽의 여러 지역이 각기 다른 시기에 자본주의의 발전을 선도했다.

왜 유럽이었는가?

유럽은 어떤 이유로 자본주의의 발상지가 되었을까? 유럽 사회의 사실상 모든 특징이 유럽에서 자본주의가 출현한 까닭을 설명해주는 원인으로 제시되었다.

한 가지 가능한 답은 유럽의 도시들에 있다. 이미 이 장에서 자본주의의 발전 도정에서 유럽 도시들이 수행한 역할을 많이 언급했다. 이탈리아 도시들, 브뤼주, 안트베르펜, 암스테르담, 런던은 금융과 상업의 기법에서 중대한 혁신을 이루어낸 원천이었다. 유럽 사회의 뚜렷한 특징 중 하나는 이탈리아, 플랑드르, 독일에서 지주층의 이해관계보다 상업과 금융업의 이해관계가 우세한 비교적 독립적인 도시국가들의 네트워크가 출현했다는 것이다.

도시들이 불가결한 역할을 하기는 했으나 유럽에서 자본주의가 출현한 원인으로 도시들을 꼽는 설명에는 문제가 있다. 11세기부터 13세기까지 분명 도시들이 독립성을 키워간 기간이 있기는 했지만, 그후로 먼저 되살아난 봉건 통치자들에 의해, 뒤이어 민족국가에 의해 자율성을 대부분 잃어버렸다. 게다가 자본주의적 생산은 도시보다 시골에서 더 단단하게 발전했다. 새로운 방법과 값싼 노동력을 무자비하게 추구하는 자본주의적 방식을 도시의 길드들이 차단했기 때문이다. 더욱이 이 장의 첫 절에서 주장한 대로, 적어도 영국에서는 농업에서 일어난 변화가 자본주의적 생산의 성장에서 극히 중요했다.

어쩌면 봉건제 자체에 답이 있을지도 모른다. 봉건제와 자본주의의 관계는 흥미롭고도 역설적이다. 봉건제의 성격은 여러 면에서 자본주의의 성격과는 정반대로 보인다. 봉건제하에서 권력과 부는 자본 소유권이 아니라 토지 통제력과 결부되어 있었다. 생산은 시장을 위해서가 아니라 생산자들과 영주의 소비를 위해 이루어졌으며, 영주는 경제적 강압보다 물리적 강압을 통해 생산자들로부터 잉여물을 짜냈다. 농업노동이 토지에 얽매여 있었기 때문에 '자유로운' 임금노동은 없었다. 이런 봉건 사회가 어떻게 자본주의를 낳을 수 있었을까?

봉건 사회는 비록 반자본주의적 보수주의의 저장고로 여겨지기는 했지만 여러 면에서 유연하고 역동적이었다. 시장과 임금노동 같은 자본주의의 핵심 특징들은 봉건 사회 내부에서 출현할 수 있었다. 게다가 고대 로마와 같은 노예 기반 사회나 세계의 나머지 지역들 태반에서 찾아볼 수 있는 자급자족 소농 사회에서보다 더 쉽게 출현할 수 있었다. 봉건제하에서 한편으로 생산자들은 어느 정도 자유를 누리고 있었다. 노예의 경우와 달리 영주에 대한 그들의 의무는 구체적으로 정해진 제한된 의무였기 때문이다. 다른 한편으로 그들은 자급자족하는 독립적인 농민과 달리 잉여물을 생산하도록 강요받았다.

또한 봉건제는 시장경제로 비교적 쉽게 이행할 수도 있었다. 영주를 위해 용역을 제공하고 생산해야 하는 농민의 의무는 현금 지불로 대체될 수 있었으며, 이는 농민들이 임금노동이나 시장에서의 생산물 판매를 통해 돈을 벌 수 있다는 뜻이었다. 영주들도 부정하게 얻은 소득을 사치품에 지출함으로써 그들 나름대로 교역과 제조업을 자극했다. 봉건제에 내재하는 계급갈등도 시장경제로의 이행에 일조할 수 있었다. 영주들은 농민들로부터 돈을 뜯어낼 새로운 방법을 끊임없이 고안했고, 이에 대응해 농민들은 봉건적 의무로부터 벗어나고 노동의 대가로 임금을 벌기 위해 노동력 부족을 이용했기 때문이다.

다만 이런 식으로 봉건제에서 자본주의로 이행하는 것이 필연적인 결과는 아니었다는 말은 꼭 덧붙여야겠다. 서유럽에서는 이행이 이루어졌지만, 동유럽에서는 지주들이 16세기에 서유럽 도시들로 곡물을 수출해 돈을 더 벌기 위해 사실상 농민층에 대한 봉건적 착취를 더욱 강화했다. 이런 이유로 서유럽의 경제 발전은 적어도 한동안은 나머지 유럽에서 봉건제를 심화시켰다. 봉건제는 자본주의로 진화할 **잠재력**을 품고 있었으나 실제로 진화할지 여부는 다른 요인들에 달려 있었다. 이 문제에 대한 논쟁에서 로버트 브레너(Robert Brenner)는 봉건 영주에 맞서 스스로를 조직하고 봉건적 속박에서 벗어나는 농민들의 역량이 대단히 중요했다는 유명한 주장을 폈다. 서유럽 영주들은 동유럽 영주들만큼 촌락을 통제할 수 없었다는 것이다.

또다른 접근법은 유럽의 다국가 정치 구조에서 출발한다. 로마 제국이 무너진 뒤 많은 통치자들이 유럽 전역을 제국의 통제 아래 두려고 했으나 성공한 이는 없었다. 일각에서는 이 실패의 원인으로 로마를 파괴한 수차례의 야만족 침공에서 기인하는 종족 다양성을 꼽는다. 중세 군주국들의 봉건 구조도 후속 제국을 건설하지 못한 원인이었다. 봉건 통치자들은 신뢰할 수 없는 봉신들의 군역에 의존해야 하고 충분한 자원을 동원하지 못하는 등 군사적·재정적 약점 탓에 결국 제국 모험에 실패할 운명이었다.

그런데 다국가 구조는 어째서 자본주의가 부상하는 데 그토록 도움이 되었던 것일까? 우선 제국의 부정적인 면을 지적하자면, 제국 관료제의 조세와 규제, 그리고 보통 경제 발전을 정치적 안정보다 경시하는 정책은 자본주의의 역동성을 저해한다. 다국가 구조의 긍정적인 면을 말하자면, 유럽이 무정부 상태에 빠지지 않은 것은 왕국들이 건설되어 경제 발전에 필요한 최소한의 질서를 제공했기 때문이다.

또한 유럽의 다국가 특징 덕에 기업가들은 경제 환경이 악화되는 나라에서 기업에 더 유리한 조건을 제공하는 나라로 이주할 수 있었다. 예컨대, 이탈리아와 플랑드르에서 숨이 막힐 듯한 대항종교개혁 국가가 등장했음에도 자본주의는 발전을 멈추지 않았다. 사람들이 덜 관료주의적이고 더 관용적인 정치체제가 있는 국가로 이주할 수 있었기 때문이다.

앞서 언급했듯이, 유럽 자본주의 발전 과정의 두드러진 특징 중 하나는 선도 국가가 때때로 바뀌었다는 것이다. 한 지역에서 여건이 악화될 때 기업가들은 다른 곳에서 새로운 목초지를 찾을 수 있었다.

그렇지만 유럽 자본주의의 발전은 어쩌면 독특한 구조보다는 독특한 이념의 소산일지도 모른다. 종교적 믿음은 동기를 유발하고, 행위에 의미를 부여하고, 어떻게 살아야 하는지 명시하는 규범을 통해 행실을 규제한다. 중세 유럽에서 강력한 종교기관이 사람들의 삶 구석구석까지 파고들었다는 것은 의심할 나위가 없다. 기독교와 자본주의의 발전 사이에 연관성이 있었을까?

가장 널리 알려진 연관성은 막스 베버(Max Weber)가 말한 '프로테스탄트 윤리'와 '자본주의 정신' 사이 연관성이다. 여기서 한 가지 유념할 점이 있다. 베버의 요지는 개신교가 자본주의를 불러왔다는 것이 아니라 자본주의적 방식으로 행동하도록 동기를 부여하는 일군의 이념을 사람들에게 제공했다는 것이다. 개신교 신앙, 특히 칼뱅파(영국에서는 청교도라 불렸다)의 신앙은 사람들을 절제하는 삶으로, 지출하기보다 저축하는 생활로 이끌었고, 그리하여 자본 축적이라는 결과를 불러왔다. 또한 개신교도들은 삶에서 종교로 물러나는 방법이 아니라 신께서 명하신 직업 활동을 제대로 수행하는 방법으로 신을 섬겨야 한다고 믿었다. 개신교는 수도원의 종교 규율을 일상의 경제 활동으로 가져왔다. 베버는 16세기 한 개신교 신학자의 일갈을 인용한다. "당신은 수도원에서 벗어났다고 여기겠지만, 이제 모두가 일평생 수도승으로 지내야 한다."

이런 청교도 직업윤리는 북유럽과 북아메리카의 자본주의 사회들에서 전형적으로 나타나는 노동과 돈을 대하는 태도에 분명한 흔적을 남겼지만, 자본주의의 출현을 설명하기에는 부족한 것으로 밝혀졌다. 칼뱅주의 기업가의 사례를 숱하게 발견할 수 있고 칼뱅주의가 뿌리내린 나라들에서 경제가 더 성장하긴 했지만, 칼뱅주의 신앙이 자본주의의 출현에 결정적인 영향을 끼쳤다는 증거는 충분하지 않다. 일례로 헨리 케이먼(Henry Kamen)은 칼뱅주의와 자본주의의 외견상 연관성을 설명해주는 요인은 칼뱅주의 기업가들의 종교적 믿음이 아니라 그들의 망명자 신분이었다는 설득력 있는 주장을 폈다.

이와 비슷하게 트레버-로퍼(Trevor-Roper)는 대항종교개혁 국가가 가톨릭 지역들에서, 특히 지난날 경제를 선도하는 중심지였던 이탈리아와 플랑드르에서 북유럽의 칼뱅주의 나라들로 기업가들을 내쫓았다고 주장했다. 한 가지 원인은 개신교도뿐 아니라 유대교도까지, 그리고 가톨릭 기업가들이 으례 견지하던 대체로 인본주의적인 신념을 공유한 광신적이지 않은 가톨릭교도까지 추방해버린 새로운 종교적 불관용에 있었다. 기업 활동에 해로운 대항종교개혁 국가의 관료제와 높은 세금도 한 가지 원인이었다. 망명자들 중 일부는 신념상 칼뱅주의자였지만, 다른 일부는 정착하게 된 지역의 종교가 칼뱅주의였던 까닭에 편의상 칼뱅주의자가 되었다.

유럽 자본주의의 종교적 기원을 둘러싼 논쟁의 반대쪽에는 다른 문명의 종교들이 자본주의의 출현을 방해했다는 주장이 있다. 이와 관련해 중국의 유교는 흥미로운 사례를 제공한다. 중국의 선진 문명은 종이와 화약을 발명하는 등 여러 중요한 혁신을 이루어낼 수 있었지만, 이런 혁신들은 산업자본주의의 기반이 되지 못했다. 일각의 주장에 따르면, 자연 세계와 사회 세계 모두 질서정연해야 한다는 유교의 신념은 자본주의 특유의 역동성보다는 사회의 안정에 이바지했다. 그렇지만 모리시마 미치오(森嶋通夫)는 일본에서 국가가 조직한 자본주의가 발전하는 데 성공한 이유는 대체로 보아 유교의 일본식 변형 덕분이었다고 주장했다.

중국은 다른 측면들에서도 유럽과 정반대였다. 중국은 유럽의 특징인 봉건적 분권화, 자율적 도시, 다국가 경쟁을 찾아볼 수 없는 관료제적 제국이었다. 그러므로 다른 차이점들은 덮어놓고 종교적 차이의 영향만 따로 다루어서는 중국이 아닌 유럽에서 자본주의가 출현한 이유를 설득력 있게 설명할 수 없다.

다른 선진 문명들이 결국 자본주의를 낳았을 것이라고 예상해서는 안 된다. 여하튼 유럽 밖 문명들에는 자본주의를 낳지 못할 만한 이유가 있었다. 대다수 선진 문명들을 지배한 단일한 통치 집단은 농작물과 상품 생산자들로부터 잉여물을 얻어내기 위해 경제적 강압책보다는 군사적 또는 종교적 강압책을 사용했다. 이 잉여물은 영토 확장, 군사력 유지, 위신을 높여주는 기획과 과시적 행사에 쓰였다. 그리고 일종의 관료기구가 구성되어 세금을 부과하고 주민들을 규제하고 복종시켰다. 이런 사회에서도 일부 개인들은 분명 유달리 많은 부와 재산을 축적했지만, 순전한 경제 활동보다는 국가와의 연계를 통해 축적했다. 바꾸어 말하면, 자본을 축적하고 노동을 관리하는 길보다 더 쉽게 부자와 권력자가 되는 길이 있었다.

유럽에 단일하고 강압적이고 사회를 완전히 지배하는 엘리트층이 없었다는 사실은 앞서 말한 여러 설명을 하나로 묶는 공통 요인이다. 로마 이후 유럽의 특징은 정치적 파편화, 왕조 간 경쟁, 도시의 자율성, 그리고 통치자와 피치자의 지속적인 투쟁이었다. 분명 통치자와의 연계를 통해 돈을 벌 수 있었지만, 유럽에서 국가들은 불안정했고, 통치자들은 신뢰하지 못할 부류였으며, 강압은 저항에 부딪혔다. 이런 환경에서 경제 활동은 부를 얻고 늘리고 유지하는 더욱 매력적인 방법이 될 수 있었다.

유럽에서는 시장 거래, 자본 축적, 임금노동의 경제적 메커니즘이 경제 활동을 조직하는 관료제적·봉건적 수단을 점차 대체해갔다. 유럽 사회의 독특한 구조적 특징들은 자본주의 조직이 출현하고 번성할 수 있는 조건을 제공했다.

제 3 장

어떻게 지금 여기에 이르렀는가?

자본주의는 세계를 변형시켰지만 그 자체도 변형되어왔다. 오늘날 우리는 자본주의의 발전 과정에서 매우 독특한 시대, 자본주의가 최신 형태로 변형된 1970년대와 1980년대에 시작된 시대를 살고 있다. 그렇지만 지금 우리가 어디에 있는지 이해하려면 이 새로운 시대를 역사적 맥락에 집어넣을 필요가 있다. 이 시대의 핵심 이념을 구현한 대처리즘은 지난 수백 년 동안의 추세들을 대부분 뒤집고 빅토리아 시대 자본주의의 가치와 활력을 복원하려 했다.

이 장에서는 산업자본주의의 발전을 세 단계로 나누어 검토한다. 이 단계들과 거기 붙은 이름표들을 너무 진지하게 여겨서는 안 된다. 이것들은 각 시대의 독특한 성격과 시대별 주요 특징들의 상호연관성을 분명히 하는 방편에 지나지 않는다. 세 시대를 영국의 역사와 연관지어 개관할 텐데, 영국이 최초의 산업자본주의를 낳았거니와 그후로도 줄곧 자본주의 사회의 핵심 이념과 제도의 주요 원천이었기 때문이다. 제4장에서는 자본주의 발전 과정의 국제적 차이점들을 살펴볼 것이다.

무정부적 자본주의

이것은 산업자본주의가 획기적으로 발전한 18세기와 19세기의 단계였다. 무정부적이었던 이유는 자본주의 기업가들의 활동이 조직된 노동에 의해서도 국가에 의해서도 비교적 견제받지 않은 데 있었다. 소규모 공장과 작업장은 서로 치열하게 경쟁했고, 그동안 유동적인 노동자들은 새로운 산업도시로 몰려들어 도시를 건설하거나 상품과 사람의 대규모 수송을 가능하게 해준 운하나 도로, 철도 부설에 참여했다.

제2장에서 말했듯이, 수공업 노동자들은 자본주의적 생산의 초창기부터 얼마간 집단의 힘을 얻기 위해 조합을 결성하려 했다. 경쟁 압박 탓에 고용주의 적대감이 강해진데다 고용이 불안정했고 대다수 생산 단위가 작았던 탓에 노동자들은 조직을 이루기가 무척 어려웠지만, 그래도 시도를 멈추

지 않았다. 19세기 초에 모든 노동자의 일반노동조합을 결성하려는, 점점 더 대담해지는 수많은 시도가 있었다. 1830년에 전국노동보호조합(National Association for the Protection of Labour)이, 1834년에 전국노동조합대연합(Grand National Consolidated Trades Union)이 결성되었다. 그렇지만 둘 다 오래가지 못했다. 이 시기에는 직종 진입을 통제할 수 있고 쉽게 대체할 수 없는 숙련공들의 노동조합만이 살아남을 수 있었다.

국가가 공장 노동조건에 대한 규제를 시작하기는 했다. 아동이 노동할 수 있는 시간을 제한하려던 시도는 1802년 '도제의 건강 및 도덕 보호법'(Health and Morals of Apprentices Act) 제정으로 첫 결실을 맺었다. 다만 실질적인 규제는 1833년 공장법(Factory Act)이 통과되고서야 비로소 이루어졌다. 그렇지만 이 시기에 공장 규제가 늘어나고 있었다는 흔한 이야기는 국가의 경제 개입 실상을 다소 호도하는 것인데, 실은 경제생활의 중요한 측면들에서 규제가 완화되고 있었기 때문이다.

16세기에 도제살이, 임금률, 식품 가격을 규제하기 위해 마련되었던 국가 장치들은 1815년까지 폐지되었다. 국제 무역의 자유화는 더 오래 걸렸지만 1860년대까지 이루어졌다. 이런 추세에서 결정적인 조치는 1846년 수입 곡물에 물리는 관세를 폐지한 것이었다. 규제 완화는 국가의 간섭 없이 사업할 자유를 원하던 산업가들에게 이익이 되었다. 그들은 국가가 아닌 노동시장에 의해 임금률이 정해지기를 바랐다. 또한 자유무역을 원했는데, 어느 정도는 수출 증진을 위해서였지만 그에 더해 값싼 식품을 수입할 경우 임금을 더 적게 줄 수 있었기 때문이다.

규제 완화는 이 시기에 부상한 개인의 자유와 시장의 자유로운 작동에 대한 자유주의적 신념과 잘 어우러졌다. 그렇다고 해서 국가가 아예 손을 놓고 있었다는 뜻은 아니다. 실은 정반대였다. 시장의 힘은 질서 잡힌 사회에서만 자유롭게 작동할 수 있었고 그러자면 산업자본주의가 엄청난 무질서를 낳고 있던 이 시기에 국가를 강화할 필요가 있었기 때문이다. 파업, 소요, 기계 파괴, 재산 범죄가 생산과 질서를 위협하는가 하면 노조와 급진적 정치 운동이 자본가 고용주와 국가에 직접 도전하는 실정이었다. 소요와 시위를 진압하기 위해 군대가 투입되어 이따금 심각한 폭력을 행사했다.

이 무렵 국가복지는 거의 없다시피 했다. 생계수단 없이 늘어나는 빈민은 갈수록 근심거리가 되었다. 빈민의 복지를 걱정했기 때문이 아니라 그들이 지역 공동체에 부담이 되리라 우려했기 때문이다. 빈민은 노동을 강요받았으며, 1834년 수정구빈법(Poor Law Amendment Act)이 통과되어 노동을 강요하기 위한 새로운 구호 제도가 도입되었다. 기존의 원외 구호 관행은 폐지되고 원내 구호 제도가 마련되었다. '구빈원'에 들어가는 사람만이 지원받는다는 것이었다. 구빈원의 조건은 가장 빈곤한 유급 노동자가 겪는 조건보다도 나빠지곤 했으며, 따라서 노동할 수 없는 사람만이 입소하곤 했다. 이 법은 빈민들 사이에서 엄청난 적대감을 불러일으켰고, 실제로 기존의 원외 구호 제도가 대체로 유지되었다. 하지만 1834년 법은 무정부적 자본주의 기간에 빈곤을 대하는 국가의 태도가 어떠했는지 잘 보여준다.

경쟁하는 소규모 제조업, 약한 노동조직, 경제 규제 완화, 강한 국가, 최소한의 국가복지는 자본주의 발전의 이 단계에서 서로를 강화한 특징들이었다. 개인의 자유에 대한 자유주의적 신념은 특히 이 시기의 특색이었지만, 그렇다고 역사적 의의만 있는 것은 아니다. 자유주의는 강력한 이념 집합으로서 존속했고, 훗날 '신자유주의적' 신념과 정책으로 외양을 바꾸어 자본주의 발전의 최근 단계 동안 엄청난 영향을 끼쳤다.

관리자본주의

19세기 후반에 시작되어 1970년대에 절정에 이른 자본주의 발전의 다음 단계 동안, 산업의 양편이 더 조직되고 국가의 관리와 통제가 늘어남에 따라 시장을 통한 경쟁과 규제는 감소했다. 이 과정에서 국제 분쟁도 일정한 역할을 했다. 각국 정부가 갈수록 치열해지는 국제 경쟁으로부터 자국 경제를 보호하는 한편, 적들에 맞서 자국 자원을 더욱 효과적으로 관리하고 동원하려 했기 때문이다.

다음 단계의 발전을 견인한 주된 힘들 중 하나는 계급 조직화였다. 19세기 중반 이후 경제성장이 더 안정적으로 이루어지고 더 큰 생산 단위가 출현하고(그림 4) 더 강한 노조가 결성되는 가운데 마침내 전국 노동운동이 출현하고 존속할 수 있는 여건이 마련되었다. 고용주들 역시 더 조직되었다. 19세기 후반에 산업 고용주들이 단결하면서 고용주 협회들이 설립되었는데, 어느 정도는 노조들의 증대하는 산업 권력에 대항하기 위함이었지만, 규제받지 않는 경쟁에서 비롯되는 불확실성을 줄이기 위함이기도 했다.

그렇지만 고용주들이 불확실성을 줄인 주된 방법은 협회가 아닌 집중이었다. 경쟁에 대처하는 가장 간단한 방법은 경쟁사를 사들이거나 합병하는 것이었다. 영국에서 이 과정은 19세기 말에 세차게 진행되었고, 1920년대에 다시 한번 합병의 물결이 일었다. 이 과정의 주목할 만한 결과로는 1926년 네 개의 화학 기업이 합쳐져 탄생한 ICI(Imperial Chemical Industries)가 있다(네 기업 자체도 과거 합병의 산물이었다). 집중도 증가는 자본주의적 조직화에서 언제나 주요한 추세 중 하나였으며 지금도 도무지 멈출 기미를 보이지 않고 있다.

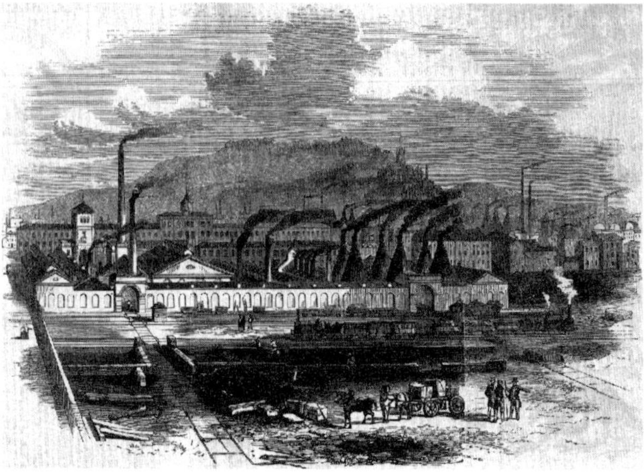

4. 시클롭스 제강소. 셰필드, 1853년. 대규모 단위는 생산을 집중시키고 노동의 조직화를 촉진했다.

기업 단위가 커짐에 따라 경영 기능이 발달하고 아울러 경영자 직위와 협회가 늘어났다. 일각에서는 이 무렵 '경영자 혁명'으로 자본주의적 산업주의의 성격이 변하고 있었다고 주장했다. 그들에 따르면 경영이 발달하고 주식 보유권이 다수의 힘없는 사람들에게 확산됨에 따라 이제 주주들보다는 경영진이 기업을 통제하게 되었다. 경영진은 단순히 이윤 극대화를 추구하기보다는 기업의 지분을 가진 모든 사람의 이해관계를 고려했다. 그럴듯하긴 했으나 이 '경영자 혁명' 관념은 경영진의 힘을 과장했다. 예전처럼 기업 통제권이 궁극적으로 소유주에게 있었고 여전히 수익성이 '관건'이었기 때문이다. 하지만 산업 생산 공정이 종전보다 훨씬 더 관리되었다는 점에는 의문의 여지가 없다. 일례로 앨프리드 챈들러(Alfred Chandler)는 20세기 미국 기업의 우위는 미국 경영진의 '조직 역량' 덕분이었다고 설득력 있게 주장했다. 이것이 자본주의가 점점 더 '관리'되었다는 표현의 한 가지 의미다.

영국에서 자본주의는 다른 방식으로도 더욱 관리되었다. 정부가 계급 조직화에 대응해 계급관계를 관리하는 일에 더욱 관여했기 때문이다. 국가의 방침은 노동계급의 불만을 억누르던 것에서 노동계급을 통합함으로써, 즉 포용하고 대표토록 함으로써 그들의 불만을 관리하는 것으로 바뀌었다. 정치 영역에서 포용은 투표권을 확대하고(1867년 도시 남성 노동자에게 투표권이 부여되어 가장 눈에 띄게 확대되었다) 뒤이어 기존 정당들이 노동계급의 표를 놓고 경쟁하는 형태로 나타났다. 이런 이유로 영국에서는 노동당 창립이 20세기까지 지연되다가 1906년에야 이루어졌는데, 유럽 국가들에서 비슷한 정당들이 설립된 지 한참 후의 일이었다. 산업 영역에서 노조는 1870년대에 일종의 법적 보호를 받게 되었다. 하지만 고용주들은 1906년에 '노동조합 분쟁 조정법'(Trade Disputes Act)이 제정되어 노조를 민사소송으로부터 보호해줄 때까지 노조를 상대로 때때로 소송을 제기했다.

영국 국가는 국민들의 복지도 점점 더 책임졌다. 이 과정은 19세기 중반에 공중보건 조치와 함께 시작되었지만, 실업 급여, 장애 연금, 출산 수당, 병가 중 급여, 일반의의 무상 의료 같은 현대 복지국가의 토대는 제1차세계대전 이전 10년 동안에 비로소 마련되었다. 복지국가 수립은 1940년대에 무상 중등교육 제공, 국민보건서비스(NHS) 실시, 보편적 안전망 혜택 확대 등으로 완성되었다. 1930년대 공황기의 복지와 경험에서 고용이 극히 중요했던 까닭에, 전후에 정부들은 '완전 고용'을 최우선 목표 중 하나로 추구했다.

교육과 보건뿐 아니라 다른 중요한 산업과 서비스도 시장에서 빠져나갔다. 이 과정은 19세기 마지막 25년간 지역 수준에서 이른바 '도시사회주의'로 시작되었는데, 이는 도시에서 가스와 수도, 이동수단을 공유화해 제공하려던 운동이었다. 주택의 공적 공급은 시의회에 주택 건립 권한을 부여한 1890년 법과 함께 시작되었다. 전화회사 공유화는 1892년에 시작되었다. 그후 20세기 들어 발전(發電), 방송, 민간항공, 철도, 석탄 채굴 등 여기서 열거하기에는 너무 많은 다른 산업들이 국가에 의해 시작되거나 인수되었다. 대체로 이런 '국유화'의 동인은 공적 소유의 장점에 대한 사회주의적 믿음이 아니라, 조각나 있거나 후진적인 산업들의 비효율성과 핵심 서비스의 공적 소유에 대한 국가주의적 관심이었다.

상술한 모든 과정에서 노동계급의 정치적 통합, 노동당의 부상, 그리고 사회주의 사상이 분명 중요한 역할을 했지만, 국제 분쟁 역시 한 가지 동인이었다. 영국에서 복지국가의 획기적인 발전은 1차대전 이전 10년간 이루어졌는데, 당시 영국은 보어 전쟁 기간(1899~1902)에 허약했던 자국 병사들의 건강 상태를 우려하고 제정 독일에서 더욱 발전하는 복지국가를 의식하고 있었다. 그후 세계대전이 발발하자 국가의 경제 통제가 엄청나게 확대되었고, 나중에 이런 통제 조치가 대부분 철회되긴 했지만 향후 국가의 소유권 확대에 준거가 될 중요한 선례들이 확립되었다. 또 세계대전을 계기로 노조와 고용주 모두 경제 관리에 깊숙이 관여하는 정부에 영향을 끼치기 위해 한층 중앙집권화된 전국 조직을 발전시키는 등 계급 조직화에 박차를 가했다.

20세기 전반기에 일어난 대다수 국제 분쟁의 배경에 있었던 제국들 간 경쟁은 관리자본주의의 여러 특징을 촉진했다. 하지만 이것이 제국들과 관리자본주의의 유일한 관계였던 것은 아니다. 산업자본주의가 영국에서 다른 나라들로 퍼져나간 이후 국제 경쟁이 고조됨에 따라 자유무역은 결국 보호주의(1930년대에 절정에 이르렀다)로 대체되었다. 국가들은 보호주의 정책으로 시장을 보호할 수 있었고, 경쟁국들에 맞서 자기 제국에 울타리를 치는 방법으로 값싼 원료 공급을 유지했다. 또한 이 보호책 덕에 고용주들은 노조와의 타협점을 찾을 수 있었는데, 만약 보호책이 없었다면 생산성이 더 높거나 임금이 더 낮은 나라들과의 격화되는 경쟁을 버텨낼 수 없었을 것이다.

관리자본주의는 제2차세계대전 이후 약 25년간 최고조에 이르렀다. 복지국가가 완전히 확립되고 대규모 국유화가 마지막으로 이루어진 시기는 1940년대였다. 다만 일부 침체된 기업들은 1970년대까지도 국유화되었다. 공공부문 주택 공급이 확대되었고, 정점을 찍은 1979년에는 영국 주택의 무려 3분의 1이 공공부문 주택이었다. 1960년대와 1970년대에 정부는 노조 및 고용주와의 협의를 통해 물가와 소득을 규제하려 했으며, 노조와 고용주는 정부의 정책 실행에 협력하는 대신 정책에 어느 정도 영향을 끼칠 수 있었다. 또 정부는 고용 수준을 유지하기 위해 경기 조정 정책을 추구하려 했다. 평등은 특히 교육과 과세, 복지와 관련해 정치적으로 첨예한 쟁점이었다.

분명한 결점과 격렬한 갈등을 내포한 무정부적 자본주의는 이와 대조적으로 일관된 성격을 가진 '관리자본주의'의 조직과 제도, 이데올로기를 낳았다. 이 둘째 단계를 형성한 대기업의 성장, 계급 조직화의 발전, 국가와 계급 조직들 간 합의주의적 관계〔합의주의corporatism는 국가의 중재 아래 정부, 노동자, 고용주 3자가 합의를 도출하는 체제를 말한다—옮긴이〕, 국가의 개입과 규제, 국가복지, 공적 소유의 확대 같은 과정들은 서로 연결되어 있었고 서로를 강화했다. 이 모든 과정의 공통점은 사람들의 삶에서 시장의 중요성이 감소했다는 것인데, 여기에는 자본주의가 획기적으로 발전하는 동안 사람들의 생활방식을 갈수록 비인간화했던 시장의 힘에 반발하는 일반적 태도가 반영되어 있었다. 그럼에도 자본주의의 역학 하나만으로는 관리자본주의의 발전을 설명할 수 없다. 관리자본주의는 당시 유리한 국가적·국제적 맥락이 있었기에 발전할 수 있었다. 다시 말해 이 단계 동안 자본주의는 민족적 제국들 안에서 조직되었다.

재시장화된 자본주의

1960년대에 복지국가, 정부와 주요 이익조직들 간 합의주의적 관계, 광범한 공적 소유는 모두 영국 사회의 확고한 특징으로 보였다. 관리자본주의의 구조와 가치는 적어도 한 세기 동안 발전해온 터였고 예측 가능한 미래에도 계속 발전할 것처럼 보였다. 분명 우파와 좌파에 비판자들이 있었지만, 1960년대 말까지 주류 정치인들은 진지한 의문을 제기하지 않았다. 그러나 1970년대를 지나면서 관리자본주의가 무너졌고, 1980년대 들어 시장의 힘을 되살리는 데 초점을 맞춘 새로운 정통 학설이 정부 정책에 깊은 영향을 끼쳤다.

관리자본주의는 왜 무너졌을까? 한 가지 이유는 합의주의 제도가 결국 작동하지 못했다는 데 있다. 물가와 소득을 규제하려는 정부의 시도는 거듭 실패했다. 그런 규제에 필요한 노조, 고용주, 국가 간 협의제가 마련되어 있지 않았고 마련할 수도 없었기 때문이다. 더 강압적인 정책을 채택할 때면 정부는 노조의 억누를 수 없는 저항에 부딪혔는데, 때로 그런 저항이 정부 자체에 치명상을 입히기도 했다. 1974년 보수당 정부는 소득 정책에 반발한 광부들의 파업에 대처하지 못해 결국 선거에서 패했고, 노동당 정부는 공공부문 파업의 물결 속에 소득 정책이 허물어진 '불만의 겨울' 이후 1979년 선거에서 패했다.

당시 이렇게 관리자본주의가 실패한 것은 영국 산업관계의 특수한 조직적 결함 때문이라는 주장이 나왔다. 노조와 고용주 양편 모두 분권적이고 무정부적으로 조직되어 있었음을 고려하면 그럴듯한 주장이었다. 19세기에 형성된 양편의 구조는 사회경제적 변화에 적응하지 못했다. 게다가 좀더 중앙집권적·대칭적·기능적인 구조를 갖춘 스웨덴에서는 합의주의 제도가 매끄럽게 작동하는 것으로 보였다. 그러나 다음 장에서 설명할 것처럼 1970년대에 스웨덴의 제도 역시 혼란에 빠졌다. 관리자본주의에는 영국 제도의 무정부적 성격 외에 다른 문제들도 있었다.

진짜 문제는 국제 경쟁이 확대되면서 기존 산업사회들이 받는 압박이 커졌다는 것이다. 제국들이 쇠퇴하고 자유무역이 성장하는 가운데 각국의 울타리가 무너지고 있었다. 그 무렵, 전쟁에서 패했으나 생산성이 좋은 서독과 일본이 경제를 되살리고 있었다. 경쟁 확대에 대응해 고용주들은 인건비를 줄이려 했다. 이는 임금을 낮게 유지하거나 노동자를 해고하거나 생산성을 높인다는 뜻이었는데, 셋 모두 노동자들에게 인기가 없었고 노조들의 저항에 부딪혔다. 관리자본주의가 발전하는 동안 노조들은 조합원의 지위와 권한을 강화함으로써 자기네 이해관계에 반하는 것으로 보이는 변화에 저항하기에 유리한 위치를 확립한 터였다.

가치와 우선순위가 바뀌는 더 폭넓은 변화도 일어났는데, 이는 대중이 관리자본주의에 반발한다는 신호였다. 세금 인상에 반대하는 소요가 늘었고, 세금으로 운영되는 공공서비스의 '그냥 주는 대로 받든지 아니면 말든지' 하는 태도에 대한 불만이 고조되었다. 공공서비스는 소비자들이 기대하던 선택권과 신속한 대응을 제공하지 못했다. 1970년대에 실업이 증가했음에도 사람들은 일자리보다 세금과 물가에 더 신경을 썼다. 관리자본주의의 핵심 가치였던 복지와 평등, 고용에 대한 집단주의적 관심은 자유와 선택에 초점을 맞추는 더 개인주의적인 가치에 밀려났다.

이런 변화는 1980년대 자본주의의 변형 방향을 설명하는 데에도 도움이 된다. 관리자본주의를 비판하는 이들은 우파뿐 아니라 좌파에도 있었지만, 1980년대에 승리한 쪽은 우파였다. 개인의 자유와 시장의 힘의 자유로운 작용에 대한 이른바 '신자유주의적' 신념이 이데올로기와 정책을 지배하게 되었다. 신자유주의는 영국 사회에서 관리자본주의의 추세를 뒤집고 그 이전 자본주의 단계의 활력을 되살리려 했다. 신자유주의의 주요 이념은 1970년대에 우파의 구루 키스 조지프(Keith Joseph)가 개진했고, 1980년대에 마거릿 대처 정부가 실행했으며, 1990년대에 신노동당이 채택했다.

1979년 보수당이 선거에서 승리한 뒤 케인스주의—정부의 경제 관리와 공공지출을 통해 고용 수준을 높게 유지하자는 이론—와 합의주의 모두 폐기되었다. 우선순위가 고용 유지에서 인플레이션 통제로 뚜렷하게 바뀌었다. 정부는 정책을 세우면서 노동자와 고용주의 전국 조직과 더이상 협의하지 않았고, 양편의 대표들을 국가기구에서 배제했다. 우파 정부가 노조 대표를 끼워주지 않은 것이야 놀랄 일이 아니었지만, 고용주들의 전국 조직인 영국산업연맹(CBI)의 사무총장 역시 1980년 마거릿 대처를 만났을 때 충격적이게도 냉대를 당했다.

시장의 힘을 되살릴 방법은 '국가 거꾸로 돌리기'였다. 정부는 수당 지급, 특히 실업 수당 지급을 제한하고, 보조금을 대출금으로 변경하고, 요금을 인상하는 방식으로 복지 지출을 삭감했다. 그럼에도 국가 지출은 전반적으로 줄지 않았다. 실업자가 증가해 사회보장비 지출이 늘었기 때문이다. 과세도 전반적으로 줄지 않았고 대신에 소득세가 간접세로 바뀌었다. 정부측 주장대로라면 이는 적어도 선택지를 늘려주는 조치였다. 간접세가 붙는 상품을 꼭 구입해야 하는 건 아니었기 때문이다.

공공부문의 산업과 서비스는 다양한 형태의 민영화를 통해 시장으로 되돌아갔다. 민영화의 가장 단순한 형태는 공기업을 사적 개인에게 매각하는 것이었으며, 대니얼 예긴(Daniel

Yegin)과 조지프 스태니슬로(Joseph Stanislaw)에 따르면 1992년까지 국유 산업의 3분의 2에 해당하는, 노동자 약 90만 명을 고용하고 있던 주요 사업체 46개가 이 방식으로 매각되었다. 또한 공영주택 세입자에게 거주중인 주택을 매입할 권리를 준 이후 공공부문 주택이 대량 매매되었다. 민영화의 또다른 형태로는 '의무 경쟁 입찰제'가 있었다. 이 제도는 공공부문 기관들에게 그들이 제공하는 서비스를 민간에 입찰 공고한 뒤 가장 경쟁력 있는 입찰자에게 도급을 줄 것을 요구했다. 예를 들어 1983년에 모든 지역 보건당국은 청소와 세탁, 음식 공급 서비스에 경쟁 입찰제를 도입할 것을 요구받았다. 기존의 '기관 내' 공급자가 계약을 따낼 수는 있었지만, 그러려면 민간기업처럼 행동해야 했다.

공공부문의 다른 서비스들은 그리 쉽게 민영화할 수 없었다. 그렇지만 마치 시장에서 경쟁하는 것처럼 행동하도록 만들 수는 있었다. 예컨대 보건과 교육의 전면 민영화는 정치적으로 가능하지 않았지만, 보건과 교육 부문에 내부 시장을 만들어 학교와 대학, 병원끼리 서로 경쟁하도록 강요했다. 그와 동시에 보건과 교육(그리고 연금 지급) 부문의 민간 대안들이 정부로부터 보조금과 격려를 받았다. 교도소 전체가 민영화되진 않았지만, 1990년대에 일부 교도소를 민간이 운영하게 되면서 민간부문 공급자와 공공부문 공급자 사이에 경쟁이 도입되었다.

시장의 힘을 되살리기 위해 경제 활동에 대한 국가 규제를 없애거나 줄이기도 했다. 탈규제 역시 일요일 영업 제한 철폐, 도시계획 규제 완화, 상업방송에 대한 더 가벼운 규제 등 여러 형태로 나타났다.

규제 완화의 영향을 가장 크게 받은 산업은 금융업이었을 것이다. 그때까지 금융업을 규제한 기구들은 저마다 별개 영역을 관리하고 서로 경계를 유지하고 있었다. 예를 들어 주택금융조합과 은행은 각각 대출을 해주었지만 서로 다른 시장에서 경영을 했고 서로 경쟁하지 않았다. 금융 기능들을 나누는 경계는 경쟁을 극대화해야 한다는 신자유주의적 신념에 어긋나는 것이었다. 그리고 어쨌거나 이 체제는 국제 경쟁의 압박을 받아 허물어지고 있었다. 런던과 그 금융기관들은 자본을 놓고 뉴욕을 비롯한 금융 중심지들과 경쟁하고 있었다. 국가 간 장벽이 제거되자, 특히 1979년 영국에서 외환관리법이 폐지되자 외국 은행들이 런던에서 영업할 자유가 확대되고 거꾸로 영국 은행들이 외국에서 영업할 자유가 확대되어 이런 경쟁 압박이 더욱 심해졌다. 제1장에서 언급한 베어링스 은행은 이 새로운 자유를 기회주의적으로 활용하다가 비참한 결과를 맞았다. 금융 규제 완화 덕에 속도를 올린 금융화 과정은 제6장에서 살펴볼 것처럼 2007년 금융위기로 귀결되었다.

그런데 비록 규제를 완화하는 중요한 변화가 분명 일어나긴 했지만 전반적인 탈규제 과정은 없었다는 것을 마땅히 강조해야 한다. 앤드루 갬블(Andrew Gamble)이 강력하게 논증했듯이, 자유경제는 강한 국가를 필요로 한다. 시장의 힘을 되살리기 위해 실은 국가 규제를 늘려야 했다. 이를 입증하는 많은 실례를 대처 임기에서 찾을 수 있다.

국가 독점이 단순히 민간 독점으로 바뀌거나 민간기업이 시장을 조작할 수 있다면, 민영화만으로는 시장 경쟁이 촉진되지 않을 터였다. 그래서 가스와 통신, 물을 거래하는 시장을 단속하기 위해 'Ofgas', 'Oftel', 'Ofwat' 같은 일련의 새로운 규제'청'들이 설치되었다.

다른 한편 노조는 노동시장의 자유로운 작용을 방해한다고 여겨졌고, 종전에 경험했던 것보다 더 강한 법적 규제를 받았다. 노조들은 1960년대와 1970년대에는 노동당 정부와 보수당 정부의 개혁 시도를 모두 물리쳤지만, 1980년대에는 복종을 강요받았다. 이제 노조를 규제하는 법률에 징벌적 제재가 더해졌으며, 저항하는 노조는 벌금만 무는 게 아니라 기금과 건물, 모든 자산까지 잃을 수 있었고 실제로 잃었다. 노조들은 1980년대에, 특히 정부가 주도면밀한 계획을 세워 광부들의 파업을 무너뜨린 1984~1985년에 엄청난 타격을 받았다(그림 5). 정부는 파업을 유발하기에 앞서 석탄 비축량을 늘렸고,

5. 국가 되돌리기. 1984년, 국가는 경찰을 투입해 광부들을 진압했다.

경찰을 대규모로 투입해 노조의 피켓 시위 전술을 좌절시키고 광부들을 법정에 세웠다. 퍼시-스미스(Percy-Smith)와 힐야드(Hillyard)에 따르면, 주로 공공질서 위반 혐의로 4000명 넘게 기소되었다.

중앙정부는 전반적인 국가 지출을 통제하고 지역정부의 서비스에 민영화를 도입하도록 강요하기 위해 지역정부를 더 강하게 틀어쥐었다. 교육과 보건 부문에서 서비스의 질을 높이고 심사하고 정보를 제공할 새로운 국가기구들이 구성되었다. 1988년에는 공립 초등학교와 중등학교에 국정 교과과정이 도입되었다. 실제로 이 시기 지역 당국, 교육과 보건, 노조에 대한 중앙정부의 통제 확대는 평시 영국에서 단행된 그 어떤 통제 확대마저 넘어서는 수준이었다. 국가는 정확히 '되돌아간' 것이 아니었다!

이 모든 일이 그저 보수당 정부의 소산이 아니라 자본주의 발전의 새로운 단계를 반영하는 변화였다는 것은 1997~2010년 노동당 정부가 신자유주의 정책을 이어갔다는 사실로 드러난다. 최저임금을 도입하고, 노조의 권리를 인정하고, 세액공제를 통해 부를 재분배하는 등 대처주의 각본에서 벗어나는 조치가 이루어지긴 했다. 그렇지만 노조의 행위를 두루 규제하는 법률은 대부분 그대로 유지되었으며, 민영화는 뒤집히기보다 지속되었다. 노동당 정부가 차이를 만들기는 했으나 노동당은 1980년대에 수립된 신자유주의 정책을 대체로 이어갔고, 특히 공공서비스를 민영화하는 방법을 개발했다.

노동당의 보건 정책이 이 점을 잘 보여준다. 노동당의 2000년 국민의료보험 계획은 2010년까지 새 병원 100개와 새로운 고문의사 7500명을 추가해 대기시간을 줄이겠다고 약속했다. 이 약속대로라면 환자는 진료할 의사와 장소를 선택할 수 있을 터였다. 병원은 환자를 놓고 경쟁하고 환자를 치료하는 만큼 돈을 받을 터였다. 병원 실적표는 환자에게 선택권을 선사할 것이었다. 개인의 선택과 시장 경쟁을 강조한다는 점에서 이 계획은 분명 신자유주의적 가치를 표명하고 있었다.

새 병원(그리고 학교와 대학)을 짓는 데 필요한 자금은 민간자금활용제(Private Finance Initiative)를 통해 마련했는데, 이 방법은 이전 보수당 정부 시절에 고안되었으나 노동당 정부에서 처음으로 대규모로 적용되었다. 이 방식으로 자금을 조달한 병원들은 향후 25~30년간 민간자본에 대금을 지불하는 계약을 맺어야 했고, 민간자본이 비싸게 제공하는 유지 및 보수 서비스만 이용해야 했다. 앨리슨 폴록(Allyson Pollock)에 따르면, 병원들이 지불해야 하는 금액이 얼마나 많았던지 "지분 투자자들과 은행가들이 민간자금활용제 병원 한 곳에 마치 두 곳의 대금을 청구하는 것" 같았다. 폴록은 병원들이 뒤

이어 부채 때문에 문을 닫거나 합병될 수밖에 없었다고 주장한다.

병원들은 민간기업처럼 행동하도록 권장받았다. 2002년 위탁재단(foundation trusts) 제도가 도입되었다. 정부의 계획은 처음에는 재정 면에서 운영을 잘하는 병원들에 '재단 지위'를 줄 테지만 결국 모든 위탁 병원이 이 지위를 획득하리라는 것이었다. 이 지위를 얻은 병원은 민간자본을 조달하고, 직원들에게 임금을 더 많이 주고, 보건 업무를 민간기업에 자유롭게 외주를 줄 수 있을 것이었다. 그리고 대체로 국민보건서비스의 감독에서 벗어날 것이었다. 2009년 미드스태퍼드셔 위탁 병원(Mid Staffordshire Trust)이 이 지위를 얻으려다가 스태퍼드 병원 스캔들에 연루되었다. 재단 지위를 추구하는 병원이 돈을 아끼려고 직원을 줄인 탓에 많은 환자들이 형편없는 간호를 받다가 사망한 사건이었다. 다만 그후로 이 특정한 위탁은 철회되었고 다른 위탁 병원들도 더욱 강한 규제를 받게 되었다. 2012년 말, 위탁재단 병원은 총 144개소였다.

국민건강서비스의 보건 업무는 점점 더 외부의 민간기업들이 제공해왔다. 환자 대기시간을 줄이고자 2003년 노동당 정부는 민간에서 자금을 조달하고 운영하는 독립부문진료소(Independent Sector Treatment Centres)를 도입했다. 2008년, 정부는 '유자격 공급자라면 누구나 정책'(Any Qualified Provider

Policy)을 도입해 환자의 민간 공급자 선택지를 늘려주었다. 아로라(Arora) 등이 수행한 너필드 공익신탁(Nuffield Trust)의 연구에 따르면, 국민보건서비스가 민간 공급자들의 전문의 진료에 지출한 금액은 2006년 이후 급증 추세를 보여 2006~2007년 47억 4000만 파운드에서 2011~2012년 83억 3000만 파운드로 증가했다.

이렇게 인기 없는 조치가 선거에 끼칠 영향을 우려한 마거릿 대처는 국민보건서비스의 민영화를 더이상 추진하지 않았다. 그렇지만 민영화는 대처 이후 1997~2010년 노동당 정부 시절에도 계속 진행되어 병원 건축 자금을 민간에서 조달하는 방법, 기업이 위탁 병원을 맡는 방법, 국민보건서비스의 보건 업무를 민간기업이 광범하게 제공하는 방법 등이 도입되었다. 보건은 다시 시장화되고 있었다. 이제 야당이 된 노동당은 연립정부의 2012년 보건사회복지법(Health and Social Care Act)에 아주 비판적이었다. 이 법은 분명 민영화 과정을 한 단계 더 밀어붙이는 조치였지만, 그 길을 닦은 것은 틀림없이 노동당이었다.

자본주의의 변형

이 장에서는 자본주의의 두 가지 변형을 검토했다. 그 변형 사례들로부터 자본주의에 관해 무엇을 배울 수 있을까?

무정부적 자본주의에서 관리자본주의로의 첫번째 변형은 시장의 힘이 가져오는 최악의 결과로부터 사람들을 적어도 어느 정도는 보호할 수 있다는 것을 보여주었다. 노동조건을 규제할 수 있었고, 노동자들이 집단 조직화를 통해 고용주의 권력을 제한하고 임금 인상과 조건 개선을 협상할 수 있었다. 복지는 국가의 문제가 되었으며, 국가는 핵심 서비스들을 시장에서 빼냄으로써 모든 시민에게 공평하게 제공할 수 있었다. 정부는 국가와 노조 조직 및 고용주 조직이 서로 협력할 방안을 마련해 경제를 관리하려 했다. 비록 자본주의를 관리하려던 사람들이 곧잘 일을 그르치거나, 때로 강력한 자본가들의 압박에 굴복하거나, 단순히 약속 이행에 실패하긴 했지만, 자본주의는 관리될 수 있었다.

관리자본주의가 직면한 근본적인 문제는 시장을 통한 상품과 서비스 공급을 제한하고 대체하는 가운데 자본주의 경제의 핵심 메커니즘을 약화시키고 있었다는 것이다. 1970년대에 국제 경쟁이 확대되고 경제 문제가 늘어나 기존 산업사회들이 심각한 중압을 받게 되자, 관리자본주의는 고장이 나기 시작했다. 소비자 선택과 시장 공급을 더 우선시하는 개인주의도 관리자본주의를 약화시켰다. 그러면서 관리자본주의 이전의 가치와 활력으로 돌아가자는 요구가 일었다.

두번째 변형 과정에서 시장의 힘이 되살아났다. 그렇지만 국가 '되돌리기'는 없었다. 시장 메커니즘은 국가의 개입과 규제라는 맥락에서만 작동할 수 있었기 때문이다. 사실 시장이 지배한다는 이전 단계의 관념 전체가 일종의 신화였다. 일찍이 무정부적 자본주의 기간에도 자본주의가 기능할 수 있도록 질서를 유지하는 핵심 기능을 국가가 수행했기 때문이다. 사실 재시장화된 자본주의라는 최근 단계의 특징은 국가 규제가 엄청나게 늘어났다는 것으로, 일부 영역에서는 관리자본주의 시절보다 규제가 더 확대되었다.

재시장화된 자본주의의 새로운 세계는 개인에게 더 많은 선택지와 자유를 제공하지만, 동시에 삶의 안정성을 낮추고 노동 압박을 높이고 불평등을 심화한다. 소비재, 미디어 채널, 휴가지, 학교 등을 고려하면 개인의 선택지가 늘었다는 것은 부정할 수 없다. 그렇지만 특히 고용과 주거, 연금 같은 삶의 중요한 영역들에서 미래의 안정성은 낮아져왔다. 노조 조직이 불안정해지고 약해지는 가운데 노동자들은 더 열심히 일하고 더 성과를 내라는 고용주들의 요구에 저항할 힘을 잃어왔다. 저임금 직업에 갇혀 불안한 미래를 마주하는 사람들과 부를 쌓을 새로운 기회를 활용할 수 있는 사람들 사이의 격차는 벌어져왔다. 관리자본주의 체제에서는 개인의 자유가 평등 증진이라는 명목 아래 축소되었지만, 재시장화된 자본주의 체제에서는 자유와 선택을 위해 평등과 안정이 희생되어 왔다.

이런 추세가 가까운 미래에 바뀔 조짐은 거의 없지만, 이것이 자본주의 발전의 최종 단계라고 단정한다면 잘못일 것이다. 오늘날 시장이 난공불락처럼 보일지 몰라도 지난날 관리자본주의도 마찬가지였다. 관리자본주의에 여러 약점과 결점이 있었다면, 재시장화된 자본주의도 마찬가지다. 불평등과 불안정은 그 나름의 비효율과 변화 압력을 만들어내기 때문이다. 제6장에서 살펴보겠지만, 실제로 자본주의 발전의 이 새로운 단계도 불안정과 되풀이되는 위기에 시달려왔다. 자본주의의 재시장화는 자본주의 사회의 문제들을 해결하지 못했다.

제 4 장

자본주의는 어디서나 똑같은가?

관리자본주의는 여러 사회에서 서로 딴판인 조직과 제도 형태들로 발전했지만, 1980년대 들어 자본주의의 신자유주의 모델이 지적으로나 이데올로기적으로나 지배적인 형태가 되었다. 이 모델은 모든 사회를 시장에 기반하는 새로운 획일성으로 몰아가는 것처럼 보였다. 이 말은 곧 자본주의가 어디서나 똑같아지고 있다는 뜻일까? 이 장에서는 관리자본주의의 세 가지 판이한 체제가 스웨덴, 미국, 일본에서 어떻게 발전하고 변형되었는지 검토할 것이다.

스웨덴 자본주의

세 체제 가운데 스웨덴의 관리자본주의가 영국의 관리자본주의에 가장 가까울 것이다. 영국처럼 스웨덴에서도 노동운동이 강력했고, 복지국가가 고도로 발전했으며, 국가가 산업화 과정에 최소로 개입했다. 그렇지만 스웨덴은 효율적으로 기능하는 관리자본주의를 발전시키는 데 훨씬 더 성공했다.

스웨덴의 산업화 환경은 영국의 환경과 사뭇 달랐다. 스웨덴은 뒤늦게 작은 국내 시장만 산업화할 수 있었다. 인구가 적은데다 해외 제국의 시장과 자원이 없었기 때문이다. 이런 사정으로 스웨덴 산업은 수출에 의존했고, 생존하기 위해 높은 경쟁력을 갖추어야 했다. 일각에서는 이런 압력 탓에 스웨덴에서 노조와 고용주가 서로 협력할 수밖에 없었고 그 결과 나중에 유명해진 스웨덴의 '노동 평화'가 생겨났다고 주장한다.

이 견해는 실상을 크게 호도하는 것이다. 스웨덴 산업자본주의의 초기에 계급투쟁이 격렬하게 일어났기 때문이다. 1909년 스웨덴에서 다섯 달 동안 이어진 총파업에 비하면, 1926년 영국에서 고작 일주일에 그친 총파업은 신사다운 크리켓 경기처럼 보인다. 1909년 스웨덴 총파업은 꾸준히 고조된 계급투쟁의 결과였다. 산업의 양편 모두 우세를 점하기 위해 조직을 확대해나갔기 때문이다. 노조 조직화에 깊숙이 관여한 사회주의자들은 스웨덴의 산업화라는 특정한 맥락에서 강경하고 통일된 노동계급 조직을 만들어낼 수 있었다. 이에 대응해 스웨덴 고용주들은 고도로 중앙집권화된 전국 협회를 결성했으며, 노조들도 고용주 협회에 필적할 만한 중앙집권화를 추진할 수밖에 없었다. 종족 및 종교 분열이 없고 개인주의가 약한 루터파 사회라는 조건이 스웨덴에서 강한 계급 조직화를 촉진했을 테지만, 그런 조직화의 원동력은 계급투쟁이었다.

스웨덴의 계급협력은 계급투쟁의 소산이었다. 노동자 조직과 고용주 조직이 모두 강하게 성장한 까닭에 관리자본주의가 확고부동한 합의주의 형태로, 즉 자본주의 관리를 양편의 중앙 조직들에 상당 부분 위임하는 형태로 자리잡을 수 있었던 것이다. 1950년대와 1960년대에 영국 정부가 노조와 고용주의 전국 조직들에 임금 규제에 대한 책임을 지우느라 애를 먹었던 데 반해, 스웨덴 정부는 임금 규제를 대체로 전국 조직들에 맡겨둘 수 있었다. 사실 스웨덴이 '노동 평화'라는 평판을 얻은 주된 이유는 이 강력한 조직들이 자기네 조직원들을 통제한 데 있었다. 요컨대, 스웨덴에서 조직적인 계급협력과 평화로운 산업관계를 만들어낸 것은 다름아닌 격렬한 계급투쟁이었다.

강경하고 통일된 노동운동은 1932년부터 1976년까지 사민당 정부가 장기 집권할 기반도 제공했다. 스웨덴 노동운동은 1930년대에 실업을 완화하는 조치를 취하고 일찍이 케인스주의 정책을 채택해 평판을 얻었다. 그리고 훗날 고율의 누진과세에 토대를 두는 선진적이고 포괄적인 복지국가를 만들어냈다.

하지만 국가복지는 노동운동의 집단주의 정책에서 그 한 측면일 뿐이었다. 노동운동은 '임금 연대' 정책을 통해 임금 격차를 눈에 띄게 좁히는 등 불평등을 줄이고자 분투하기도 했다. 예컨대 1960년대와 1970년대 동안 고임금 노동자들의 평균 임금과 저임금 노동자들의 평균 임금 사이 격차가 절반으로 줄었다. 또한 1970년대에 피고용인들을 일터에서 보호하고 그들에게 기업 정책에 대한 발언권을 주기 위해 포괄적인 입법이 이루어졌다. 이런 정책들은 단순히 이데올로기에 따라 추구했던 것이 아니다. 그것들은 노동계급과 중간계급을 막론하고 모든 피고용인 사이에 공통의 이익과 정체성을 만들어내는 방식으로 노동운동의 조직력과 정치력을 키우려던 사민당 전략의 일환이었다.

이 모든 말은 사민당 스웨덴이 비자본주의 사회가 되어가고 있었다는 뜻이 아니다. 노동운동 지도부는 복지가 사회주의 사상의 힘과 노조 조직만이 아니라 국제무대에서 경쟁할 수 있고 국가의 경제 파이를 키워주는 역동적인 자본주의 경제의 작동에도 달려 있다는 것을 알고 있었다. 스웨덴 경제 정책의 핵심 원칙 중 하나는 수익을 못 내는 기업들을 파산하게 놔두어야 한다는 것, 그래서 그들의 자원이 수익을 내는 기업들에게 돌아갈 수 있어야 한다는 것이었다. 노조가 통제한 노동시장 정책은 일자리를 보호해주었던 게 아니라 노동자의 이직과 재교육을 지원해주었다.

1970년대에는 심각한 문제들이 사민당 모델을 괴롭혔다. 노사분규가 늘고 개인주의가 성장해 사민당의 집단주의에 도전하기 시작하는 가운데 스웨덴은 여러 차례 경제위기에 직면했다. 결국 정권이 우파에게 넘어가 1976년부터 1982년까지 6년간 '부르주아' 정부가 집권했다. 그렇지만 스웨덴 우파는 역사적으로 세 정당으로 갈라진 탓에 대처주의 변형을 완수할 만큼 서로 협력하지 못했다. 그후 사민당이 다시 집권했으며, 이는 스웨덴 모델이 더 유리한 경제 여건에 힘입어 고비를 넘겼다는 것을 시사했다.

하지만 이 생각은 착각이었다. 스웨덴 모델의 중추인 합의주의 협력이 붕괴 상태였기 때문이다. 중앙집권 조직은 이미 중앙과 주변부 사이만이 아니라 노동의 부문들 사이에서도 긴장을 유발하고 있었다. 사무직 일자리와 공공부문 일자리가 늘어나자, 정부는 이들 부문으로 중앙집권 조직을 확대할 수밖에 없었다. 그러자 두 부문이 아주 강력한 조직으로 발전해 서로 경쟁하듯 대립했으며, 중앙집권화된 교섭 구조는 이 대립을 억제할 수 없었고 오히려 증폭시켰다. 중앙 임금 교섭은 더 오래 걸리고 더 복잡하고 더 대립적인 사안이 되었다. 그 과정에서 스웨덴의 고용주들은 중앙의 협력 제도에서 철저히 소외되었다.

고용주들은 일련의 다른 변화에서도 소외되었다. 1960년대에 노동자들은 스웨덴의 역동적인 자본주의가 자신들의 일자리와 노동조건에 끼치는 영향에 불만을 품게 되었다. 가라앉았던 노동 급진주의가 산업적·경제적 민주주의 확대 요구와 함께 다시 떠올랐다. 이 요구는 산업 소유권을 민간자본에서 노조가 통제하는 기금으로 점차 이전하는 기발한 메이드너 계획(Meidner Plan)으로 절정에 이르렀다. 다만 실제로 법제화된 계획은 심하게 희석된 버전이었다. 사민당 지도부는 스웨덴 경제성장의 자본주의 엔진을 파괴할 마음이 없었다. 그럼에도 노동운동과 고용주들의 관계는 크게 틀어졌다.

1930년대에 체결된 노동운동과 고용주 간 잠정협정은 이미 깨진 상태였다. 1980년대 동안 주요 고용주 조직은 산업주의·자본주의 사회의 가치를 복원하기 위해 폭넓은 반격에 나섰다. 1990년, 고용주들은 지난날 임금 격차 감소를 가능하게 했던 중앙 임금 교섭에서 결국 탈퇴했다. 그들의 전략은 국가기구에서 자기네 이해관계를 대변하는 합의주의 방식에서 정치적 영향력과 로비를 더 많이 활용하는 방식으로 바뀌었다.

스웨덴 자본주의 역시 재시장화 과정을 겪었다. 사민당 자체가 1980년대에 재시장화를 이끌었다. 복지자본주의는 대규모 공공부문, 거액의 공공지출, 엄청난 재정적자, 인플레이션을 일으키는 임금 합의 등 자국의 경쟁력을 명백히 좀먹는 결과를 낳았다. 재계 지도부는 변화가 이루어지지 않으면 기업을 외국으로 이전해갈 수밖에 없다고 경고했으며, 사민당 지도부는 산업이 경쟁력을 잃어간다고 인정했다. 외환관리가 해제되고 금융시장 규제가 완화되었고, 국유 산업에 민간자본이 투입되었으며, 지역 당국의 서비스가 갈수록 사업 노선에 따라 운영되었고, 수당과 공공지출이 삭감되었으며, 세금에서 간접세의 비중이 점점 높아졌다.

이것은 재시장화 과정의 시작일 뿐이었다. 더 근래에 스웨덴은 신자유주의 개혁에 착수해 신자유주의자들의 칭송을 받기에 이르렀다. 2006년 선거에서 승리한 우파 온건당(Moderate Party)은 마침내 '부르주아' 연립정부를 구성해 효과적인 신자유주의 정책을 실행하는 데 성공했다. 공공지출과 조세가 대폭 감소했다. 1993년 GNP의 67퍼센트에 달했던 공공지출이 2011년까지 49퍼센트로 줄어들었다. 경기순환 주기마다 1퍼센트 예산 흑자를 달성할 것을 정부에 요구하는 긴축재정이 법으로 제도화되었다. 실업 수당, 병가 중 급여, 연금이 삭감되었다. 중요한 노동 권리들이 상실되었다. 게다가 교육, 보건 서비스, 노인 요양이 민영화되었다. 정부는 노조원의 지위와 노조가 통제하는 실업 수당 기금에 비용을 더 물리는 등 노조들에 재정 공격을 가했다.

스웨덴은 오랫동안 비교적 평등주의적인 사회로 여겨져왔다. 재시장화는 스웨덴에 어떤 영향을 주었을까? OECD의 2011년 보고서에 따르면, 스웨덴에서 "1985년부터 2000년대까지 모든 OECD 국가 중 불평등 증가폭이 3분의 1로 가장 컸다". 그렇지만 스웨덴은 여전히 (총 34개국인) "OECD 국가 중 가장 평등한 9개국에 속한다". 또한 스웨덴은 "OECD 국가 중 교육이나 보건, 요양 같은 공공서비스에 지출을 가장 많이 하는 국가"다. 따라서 스웨덴은 비록 신자유주의 클럽에 부리나케 가입했다 할지라도 2008년(OECD 데이터의 연도)으로 보면 여전히 **상대적으로** 평등주의적인 나라였다.

오늘날 스웨덴은 재시장화된 여느 자본주의 사회와 전혀 다를 바 없는가? 스웨덴은 상대적으로 집단주의적인 국가로 남아 있다. 중앙 임금 교섭은 더이상 없지만, 고용주와 노조 집단들 간의 폭넓은 산업별 협약은 스웨덴의 임금 교섭이 여전히 대등하게 이루어지고 있음을 보여주며, 연금과 정리해고 같은 일부 비임금 사안들은 계속 중앙 교섭을 통해 타결되고 있다. 노조 가입률이 낮아지긴 했지만 국제적으로 보면 여전히 유달리 높은 수준이다. 예컨대 2012년 스웨덴에서는 피고용인의 67.5퍼센트가 노조원이었던 데 반해 영국에서는 26퍼센트였다. 스웨덴 노동자의 집단 교섭 비율도 영국의 29퍼센트와 비교해 월등히 높은 약 90퍼센트 수준이다. 이렇게 높은 집단 조직 수준은 피고용인을 해고로부터 보호해주는 수준과 호응하는데, OECD에 따르면 스웨덴은 지금도 상대적으로 높은 수준이고 영국과 비교하면 훨씬 더 높은 수준이다. 기업 이사회에 피고용인 대표를 참여시키도록 법제화한 1987년 조치도 지속되고 있다.

그렇다면 스웨덴의 사례는 자본주의에 관해 무엇을 말해주는가? 스웨덴의 사례는 특정한 조건에서 자본주의로 인해 발생하는 고용주와 노조 간 투쟁이 중앙집권화된 노사 협력의 기반, 그리고 제대로 기능하는 합의주의적 관리 및 복지자본주의 체제의 기반이 될 수 있다는 것을 보여준다. 또한 그런 체제가 종국에는 자본과 노동 사이에, 그리고 노동 부문들 사이에 벌어지는 근원적인 투쟁을 억제할 수 없었다는 것을 보여준다. 결국 스웨덴 체제는 투쟁으로 마비되었다. 그후 국제 경쟁 확대와 전 지구적 경제 통합 때문에 그런 고비용 체제를 유지하기가 불가능해졌으며, 마침내 신자유주의적인 국제 추세를 따르게 되었다. 그렇다고 해서 관리자본주의 시기에 만들어진 구조와 제도가 사라진 것은 아니다. 스웨덴 자본주의의 활력을 되살리는 과정에서 집단주의적 특색은 제거되지 않았다.

미국 자본주의

개인주의로 유명한 미국 자본주의는 이데올로기 및 조직 면에서 스웨덴 자본주의와 정반대였다. 미국의 산업화는 분권적이고 개인주의적인 사회, 모험심과 진취성을 발휘해 성공할 수 있다는 믿음이 널리 퍼진 사회에서 이루어졌다. 귀족이 없는데다 18세기 미국 독립혁명을 통해 정치적·시민적 권리가 확립된 조건이 그런 믿음을 고무했다. 산업자본주의가 성장하면서 노동조합들이 결성되긴 했지만, 대개 계급 조직화나 사회주의적 사회 변형에 관심이 없는 이기적인 기능공들의 조직이었다.

이런 환경에서 번창한 기업들은 합의주의적 자본주의가 아니라 기업자본주의를, 계급 조직이 아니라 기업이 지배적 행위자인 자본주의를 만들어냈다. 미국 기업들은 대규모 국내시장 덕에 대기업으로 성장할 수 있었고, 19세기 말에 다른 산업사회들의 경우보다 소유권을 더 집중할 수 있었다. 처음에 이런 소유권 집중은 록펠러의 스탠더드오일 사의 기업 인수처럼 시장을 장악하기 위한 '수평적' 합병 형태로 이루어졌다. 그렇지만 20세기에 지배적 형태가 된 것은 '수직적'으로 통합된 기업, 생산과 제품 유통의 모든 단계를 망라함으로써 확고부동한 경쟁 우위를 점한 기업이었다.

미국은 제3장에서 간략하게 논한 '경영자 혁명' 이론의 본고장이었다. 앨프리드 챈들러는 미국 기업의 경영자들이 기업 성장기 동안 '제 일을 해낸' 것은 대체로 보아 고도로 발달한 그들의 '조직 역량' 덕분이었다고 주장했다. 그는 이윤을 투자와 성장을 위해 사용한 미국 경영진과, 장기 투자보다 주주 배당금에 더 신경을 쓴 영국 기업들의 더 개인적이고 전통적인 소유권을 대비했다.

미국에서 사업의 중심성은 노동조합주의의 독특한 성격과 짝을 이루었다. 미국의 노동조합주의는 주로 조합원에게 최대한 유리한 계약을 맺는 '비즈니스 노동조합주의'(business unionism)였다. 조합원들은 괜찮은 임금뿐 아니라 특히 2차대전 이후 유급휴가, 보험, 건강관리 같은 복리후생까지 받았다. 비즈니스 노동조합주의의 범위는 제한되어 조합원 비율이 가장 높았던 1954년에도 전체 피고용인의 3분의 1을 겨우 넘는 정도였다.

복리후생의 중요성으로 드러나듯이, 유럽에서는 국가의 소관이었던 복지 중 일부를 미국에서는 기업이 제공했다. 실제로 미국에서 '복지자본주의'는 기업의 복지 제공을 가리킨다. 이 말은 미국에서 국가복지가 아예 발전하지 않았다는 뜻이 아니라 국가가 빈민을 위해 엉성한 안전망을 제공하는 데 그쳤다는 뜻이다. 나머지 복지는 기업이나 개인의 책임이었고, 시장에서 민간 서비스로 제공되었다.

개인주의 이데올로기와 자유시장 이데올로기는 국가의 경제생활 관여를 막지 못했다. 오히려 기업들의 독점 경향이 있었기에 경쟁을 유지하고 소비자의 이익을 보호하려면 경제생활에 대한 규제가 필요했다. 19세기 말에 '반트러스트' 운동이 출현했고, 1890년 '거래 또는 통상을 제한하는' 어떠한 활동이나 조직도 불법이라고 공표하는 셔먼법(Sherman Act)이 제정되었다. 셔먼법은 강력한 기업들의 성장을 막지는 못했지만 무엇보다 스탠더드오일을 강제로 해체하는 등 상당한 효과를 거두었다. 스탠더드오일은 반트러스트 법률을 제정하고 시행하는 미국의 독특한 기구를 낳았다. 미국에서 국가를 경제생활로 끌어들인 것은 유럽의 경우처럼 계급투쟁이 아니라 시장을 보호할 필요성이었다.

1930년대에 국가의 개입은 유럽의 방향에 훨씬 더 가까워지는 듯 보였다. 대공황에 대응해 프랭클린 루스벨트는 뉴딜 정책을 추진하며 적극적인 구제와 복지 프로그램을 입법화했고, 결국 케인스주의 경제 정책을 채택했다. 뉴딜 정책은 과세 제안, 값싼 전기를 공급하려는(일부 전기는 공기업인 테네시 계곡 개발청을 통해) 계획, 독점 경향에 대한 지속적인 '반트러스트' 공세, 그리고 노동조합을 보호하기 위한 법률 제정 같은 사안을 놓고 대기업들과 상당한 갈등을 빚었다.

노조는 조직을 이루고 단체로 교섭할 권리를 얻었으며, 이런 권리를 강제하기 위해 전국노동관계위원회(National Labor Relations Board)가 설립되었다. 산업노조위원회(Committee for Industrial Organization)가 더 포괄적인 노동조합주의를 확립하고 미국의 대량생산 산업들을 조직하는 가운데 1933년부터 1938년까지 노조원 수가 세 배로 늘었다. 1938년 임금과 노동시간을 규제하고 취약한 집단을 보호하기 위한 법률이 추가로 제정되었다.

그렇지만 미국의 연방 구조와 삼권분립제는 반대파에게 뉴딜 조치들을 저지하고 방해할 많은 기회를 주었다. 더욱이 뉴딜 정책은 놀랍도록 다양한 기관과 프로그램을 신설하긴 했지만, 적어도 유럽에서 발전한 더 이데올로기적인 프로그램들과 비교하면 일관성이 없었다. 뉴딜 정책은 루스벨트와 선의를 가진 의욕적인 개혁가 및 행정가들의 헌신과 열정에 의존했다. 뉴딜을 뒷받침하는 개혁주의 정당은 없었다. 1930년대의 친노동 법률은 노조의 힘과 권리를 상당히 약화시킨 1947년 태프트-하틀리법(Taft-Hartley Act)으로 인해 적어도 어느 정도는 뒤집어졌다.

다른 방면에서 뉴딜의 관리자본주의는 1950년대와 1960

년대에도 계속 작동했다. 1930년대에 도입된 사회보장 법률과 복지 프로그램은 1950년대와 1960년대에 확대되었고, 특히 빈민과 노인에게 무상 의료를 제공했다. 리처드 닉슨 임기인 1970년대까지도 연방정부는 물가와 소득에 대한 통제를 실험했다. 적자재정은 먼저 2차대전 기간과 그후 냉전 기간에 계속 유지되어 대규모 군사 지출로 귀결되었다. 상당수 산업 부문들의 수익성이, 따라서 노동자 고용과 소득이 국가 지출에 달려 있었다. 미국에서는 국가 주도 산업정책이라는 생각이 일체 배척되었지만, 데이비드 코츠(David Coates)의 주장대로 군산복합체의 창설이 실은 그런 정책의 한 형태였다. 재계는 정부의 간섭에는 반대하면서도 정부의 돈은 받았다.

미국 산업은 영국 산업보다 더 경쟁력이 있긴 했으나 역시 1960년대와 1970년대에 이전부터 물려받은 경직성과 특히 일본과의 경쟁을 비롯해 치열해진 국제 경쟁 탓에 고통을 받았다. 노동조합주의, 국가복지, 공적 소유의 수준이 낮다는 것은 영국보다 변형 압박이 약하다는 것을 의미했지만, 미국 역시 신자유주의적 변화 과정을 겪었다.

1980년대와 1990년대에 미국 사회는 어느 정도 재시장화되었다. 1980년대 초 레이건 행정부는 조세와 정부 지출을 모두 줄여 시장의 힘을 자극하려 했다—다만 기득권층이 정부 지출 삭감에 저항했고 실제로 재정적자가 늘었다. 산업 규제의 뉴딜 전통을 처음으로 깨뜨린 항공사에 대한 규제 완화에 뒤이어 철도, 트럭 운송, 전기통신, 발전(發電)에 대한 규제도 완화되었다. 철도의 국유 부문과 여러 국영 서비스 및 교도소가 민영화되었다. 영국에서 신노동당의 모델이 된 근로연계 복지 프로그램은 미국에서 복지수당 기간을 제한하고 수급자에게 저임금 노동을 강제했다.

영국에서처럼 이런 변화는 노동력 착취의 심화를 수반했다. 1980년대 동안 노동시간이 길어지고 실질임금이 연간 1퍼센트씩 하락했다. 산업체들은 더 저렴한 노동력을 찾아 '러스트 벨트'〔rust belt: 미국 북동부 오대호 주변의 쇠락한 공장지대—옮긴이〕에서 남쪽 멕시코의 '선 벨트'(sun belt)로 공장을 옮겨갔다. 기존 조합원들의 요구에 즉각 부응하려던 엘리트주의적인 '비즈니스 노조들'은 새로운 노동인구를 조직하는 데 실패했거나 (멕시코에서처럼) 그럴 수 없었다. 2001년경 노동인구의 노조 가입률은 매우 낮은 13퍼센트까지 떨어졌다.

불평등은 심화되었다. 토마 피케티(Thomas Piketty)는 1970년대 이후 미국이 과거 1920년대의 소득 불평등 수준으로 되돌아간 현상을 가리켜 '불평등의 폭발'이라고 말한다(그림 6). 피케티가 진단하는 원인은 '초특급 경영자들'이 자신이 이끄는 기업을 통해 사실상 자신의 '초특급 급여'를 정하는 데 있다. 하층계급은 말할 것도 없고 중간계급과 이 '초특급 경영

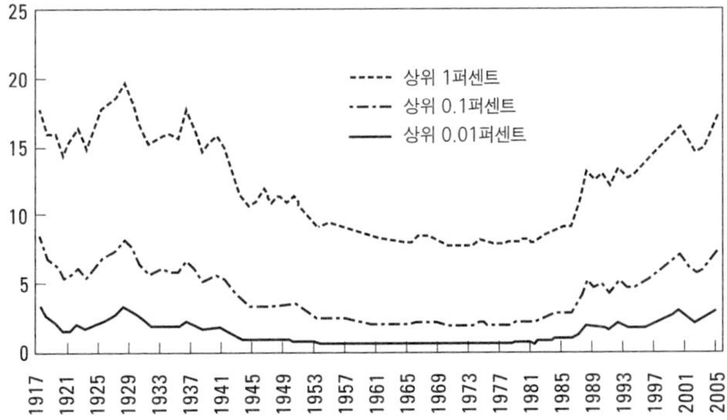

6. 미국에서 되풀이되는 부자들의 부익부. 1917년부터 2005년까지 미국 상위 1퍼센트, 0.1퍼센트, 0.01퍼센트의 세전 가계소득 비중.

자' 집단 사이의 소득 격차는 갈수록 벌어져왔다. 데이비드 레온하르트(David Leonhardt)와 케빈 퀼리(Kevin Quealy)가 보고한 룩셈부르크 소득 연구 데이터를 토대로 국제 비교 분석을 해보면, 이 격차가 다른 비슷한 나라들보다 미국에서 더 커졌다는 사실을 알 수 있다. 다른 나라들과 비교해 미국의 최상층은 더 많이 버는 반면 하층은 갈수록 뒤떨어지고 있다.

경영에서 일어난 다른 중요한 변화들은 20세기 초의 '경영자 혁명'을 뒤집었다. 자본의 이동성이 증가하고, 대중이 주식시장에 투자하고, 금융서비스업이 팽창함에 따라 기업의 시장가치가 더 중요해졌다. 새로 유행한 '주주가치론'에 따르면, 경영의 목표는 더이상 기업의 미래나 성장을 위한 투자가 아니라 그저 이윤을 늘려 주가를 극대화하는 것이었다. 경영자들은 기업 주가가 상승하는 만큼 스톡옵션으로 보상을 받았으므로 주가를 극대화할 동기가 있었다. 지난날 경영자 혁명으로 그들은 적어도 어느 정도는 소유주와 분리되었지만, 이제 그들 자신이 다시 소유주가 되어가고 있었다.

주주가치에 초점을 맞추는 기업은 사업의 방향을 복잡한 금융 활동과 기만적인 주가 부풀리기로 돌리기도 했다. 엔론(Enron)은 1985년 에너지 유통업 회사로 출발했으나 이후 800가지 이상의 상품과 금융상품 거래로 사업을 다각화했다. 엔론은 투자은행들로부터 거액을 빌렸고, 투자은행들은 엔론의 주식을 고객에게 추천했다. 엔론은 회계조작으로 이윤을 부풀리다가 2001년에 결국 파산했다. 다른 유명한 스캔들로는 월드컴(WorldCom) 사례가 있다. 1983년 미시시피에서 소규모 전화회사로 출발한 월드컴은 복잡한 금융 거래를 통해 60개 회사를 사들이고 이윤을 부풀리기 위해 회계부정을 저지르다가 2002년에 파산했다.

투자은행들도 인터넷 기업들을 창립하고, 띄워주고, 주가를 밀어올리고, 보유 주식으로 돈을 벌고, 이 과정에서 온갖 금융 활동을 하는 등 2000년에 터진 닷컴 버블에 깊숙이 관여했다. 그 버블이 터졌을 때 대가를 치른 쪽은 일반 투자자들이었다.

이런 스캔들과 배임은 탈선한 개인들이나 어리석은 투자자들 탓으로 돌려졌다. 제프리 잉햄(Geoffrey Ingham)은 그런 스캔들과 배임이 실은 "금융 관행의 지배가 강화되고 기업체와 금융공학이 융합된다는 의미에서 현대 자본주의의 금융화"의 징후라고 주장했다. 미국 자본주의는 20세기 마지막 25년간 금융화로 인해 변형되었다. 생산에 종사하던 기업들이 국제 경쟁 확대에 직면하고 이윤을 내고자 분투하던 시기에 금융 활동은 수익성이 매우 높았고 자본을 끌어들였다.

주장하건대 미국 자본주의의 재시장화는 바로 이 생산 영역에서 금융 활동의 규제 완화를 통해 가장 중요한 결과를 가져왔다. 미국 은행들은 닉 리슨이 거래한 '파생상품'과 같은 새로운 금융상품들을 기발하게 만들어내고 있었다(제1장 참조). 규제 당국은 처음에 파생상품 거래를 불법 도박으로 여겨 금지했지만, 이후 월스트리트의 압력을 받아 규제를 변경하거나 해제했다.

1933년에 제정된 은행법(Banking Act)의 폐지는 신자유주의적 규제 완화의 승리를 알리는 사건이었다. 이 법은 상업은행 업무와 투자은행 업무를 분리하기 위해 제정되었다. 1970년대 말, 은행들의 압력 아래 이 법은 상업은행의 파생상품 투자를 용인하는 쪽으로 재해석되었다. 그리고 은행법의 제약이 미국 은행들의 국제 경쟁력을 약화시킨다는 목소리가 갈수록 커졌다. 결국 1999년 은행법이 폐지되었다.

이렇게 해서 미국 역시 관리자본주의에서 재시장화된 자본주의로 이행했다. 미국의 관리자본주의는 중요한 측면에서 영국과 스웨덴의 관리자본주의와 달랐다. 집단 조직화의 범위가 더 좁았고, 국가복지가 덜 보편적이었으며, 반트러스트 법률이 더 강했다. 그럼에도 미국은 이 단계를 통과했다. 재시장화된 자본주의로의 이행은 분명 생산 영역에서 일어났지만, 가장 두각을 나타낸 영역은 틀림없이 금융 활동에 자본이 투입됨에 따라 규모를 키워간 금융 영역이었다. 이것은 미국이 전 세계의 지배적인 공산품(가장 유명한 상품은 조립생산 자동차) 생산 국가에서 금융상품 혁신을 선도하는 국가로 이행한 놀라운 변화였다.

미국은 아주 성공적으로 이행한 것으로 보였다. 금융 활동에서 큰 이윤이 생겼고 경제 전체가 성장했기 때문이다. 그러나 그것은 금융업 종사자들의 생각보다 훨씬 더 위험한 활동이었다. 제6장에서 살펴볼 것처럼 그들은 부채의 위험 수위를 높이고 있었다.

일본 자본주의

일본의 산업자본주의는 처음부터 관리되었다. 19세기 중반에 일본은 고도로 상업화된 기업가적인 사회였지만 아직까지 산업사회는 아니었다. 19세기 메이지유신 이후 일본 국가는 서구 제국들의 잠식에 맞설 수 있는 부강하고 독립적인 나라를 건설하려는 프로그램의 일환으로 산업화를 주도했다. 서구의 개인주의와 자유주의는 일부 사상가들에게는 매력적으로 보였으나 일본식 유교 학교에서 교육받은 민족주의자 관료들로 이루어진 새로운 통치계층에게는 이질적으로 보였다.

새 정부는 시범 국영기업을 설립해 일본을 산업화하려 시도했으나 큰 난관에 부딪힌 뒤 1880년대 들어 군사적으로 중요하지 않은 기업들을 민영화했다. 그렇지만 민영화했다고 해서 일본의 산업이 이제 독립적인 민간기업들로 이루어진 것은 아니었다. '재벌'이라고 알려진 대규모 기업군(群)들—미쓰비시, 미쓰이, 스미토모, 야스다—이 출현했다. 재벌은 가문이 소유했으며, 가문은 지주회사를 통해 재벌을 통제했다. 기업 집중은 어느 산업사회에서나 진행되고 있었지만 일본의 형태는 독특했다. 재벌마다 사실상 일본의 산업 전체로 사업을 넓혀갔고, 자체 은행을 두었으며, 자체 상사(商社)를 통해 상품을 거래했기 때문이다. 재벌들은 국가와 밀접한 관계였고 결국 정부를 위해 중요한 식민 기능을 수행했다.

시범 기업은 어쨌든 국가의 경제성장 촉진 정책에서 가장 덜 중요한 측면이었다. 일본 정부는 근대 민족국가를 창설하고자 봉건적 장애물과 제약 요소를 제거했다. 통합된 일본은 철도와 해상 운송에 보조금을 대규모로 지급함으로써 교통수단을 변혁했다. 또 조선업에도 보조금을 후하게 지급해 1939년까지 영국에 이어 선박 건조 2위 국가로 발돋움했다. 국가는 특수은행들을 만들어 경제의 여러 부문의 요구를 충족시키는 등 투자와 교역에 자금을 대는 은행 제도도 창설했다.

일본은 서구에서 숙련기술을 재빨리 수입했다. 일본은 "지식과 숙련기술의 확산"이 "국가들 사이에서 평등을 증진하는 주요한 힘"이었다는 토마 피케티의 의견을 실증한다. 하지만 일본은 더 나아가 외국 전문가들을 국내에서 성장한 전문가들로 대체하는 중요한 걸음을 내딛었다. 경제 발전 수준이 훨씬 떨어졌음에도 일본의 공교육 제도는 이미 20세기 초에 영국의 공교육 제도를 앞질렀다.

일본은 경제적 독립을 유지했다. 강한 독립국이 될 때까지 외국 자본을 받아들이지 않았다. 실제로 일본 근대화의 비용을 주로 짊어진 쪽은 근대화 초기에 정부 수입의 4분의 3을 토지세로 납부한 농민들이었다. 또 일본은 보호받는 시장과 원료를 제공할 해외 제국을 건설하기 시작했다.

일본은 19세기에 산업화에 성공한 유일한 비서구 사회였다. 일본은 독특한 관리자본주의를 창안했다. 국가는 지시를 내리는 역할을 맡았으며, 경제 전체를 무대로 사업을 하는 기업군들의 형태로 기업 집중이 진행되었다. 또다른 독특한 특징은 노동조직이 약했다는 사실이다. 노동자들은 조직을 이루려 시도했고 또 산업이 호황을 누리고 노동력 수요가 많았던 1차대전 기간에 얼마간 성공을 거두었지만, 고용주들의 거센 반대와 국가의 탄압에 부딪혔다. 국가복지 역시 별로 발전하지 않았다. 고용주들이 노동자들을 통합하고 노동운동에서 떼어놓을 수 있는 기업복지제도를 선호했기 때문이다.

이런 독특한 특징들은 전후 일본의 성장기제가 제대로 작동하기 시작해 일본 경제가 세계 두번째 규모로 발돋움한 기간에 더욱 발전했다. 재벌들은 해체되었지만 곧 재건되었다.

독일의 크루프(Krupp) 사처럼 미쓰비시 사는 이제 파시즘의 저장고가 아니라 반공산주의 자원으로 보였다. 결정적인 사실은 재벌들이 통상산업성(通商産業省)의 보호를 받으며 복구되었다는 것이다. 통상산업성은 일본 산업정책의 총사령탑으로서 통상과 통화, 투자를 통제해 미래의 산업들을 발전시켰다.

재건된 재벌들과 여타 비슷한 기업군들은 중요한 경제 기능을 수행했다. 그들은 산업의 경계를 가로질러 협력하기도 했지만, 치열하게 경쟁하며 생산성 향상을 자극하고 국제 경쟁력을 강화하기도 했다. 그들은 시장점유율을 목표로 장기 노선을 추구할 수 있었다. 상호주 소유[두 개 이상의 회사가 서로 상대 회사의 주식을 소유하는 방식—옮긴이]에 기반해 기업을 복구하고 자금을 은행에서 융통하는 방식으로 고액 배당금을 지급하라는 주주들의 압박을 낮추었기 때문이다. 이는 그들이 외국 자본이나 기업 사냥꾼의 기업 탈취 시도로부터 보호받았다는 뜻이기도 하다. 일본 기업들의 이런 소유 구조는 기업 내 통합과도 관련이 있었다. 주주 배당금을 극대화하는 대신에 피고용인들을 돌볼 수 있었기 때문이다.

일본의 노동조합은 연합군 점령 초기에 급성장했다. 이 사실은 일본 노조가 문화적 이유로 약했다는 주장이 거짓임을 보여준다. 노조원 수는 1946년 1월만 해도 90만 명이었지만 1949년 6월까지 650만 명으로 늘었다(전쟁 이전 최고치는 1936년의 42만 1000명이었다). 처음에 점령군 당국은 노조를 '민주적' 조직으로서 장려했다. 그렇지만 군정의 정책 방침이 반파시즘에서 반공산주의로 바뀌는 가운데, 빠르게 성장하던 노조는 일본 고용주들과 국가 양편으로부터 꾸준하고도 맹렬한 공격을 받게 되었다. 그렇지만 고용주들은 곧 노조 자체를 파괴하는 것에서 기존 노조를 고분고분한 '기업별 노조'로 대체하는 쪽으로 전략을 바꾸었다. 일본경영자단체연맹의 지지와 은행업계의 금융 지원을 받은 1953년 '닛산 쟁의'에서 사측은 기존 노조를 자극해 파업을 유발하고, 노조원들의 출근을 막고, 자체 닛산 노조를 창설한 뒤 가입자들에게 일자리를 돌려주었다. 기업별 노조는 표준이 되었다.

일본의 기업들은 노동자들을 높은 수준으로 통합함으로써 서구의 경쟁 기업들에 대해 우위를 점할 수 있었다. 기업은 종신고용을 보장했고, 연공서열에 따라 임금을 올려주었으며, 복지혜택과 대개는 주거까지 제공했다. 그 대가로 노동자들은 기업에서 요구할 경우 주말과 휴일까지 포기하면서 장시간 고되게 일해야 했다. 다른 통합 방법으로는 사내에서 지위를 구분하지 않는 것, 기업 유니폼을 입게 하는 것, 노동에서나 여가에서나 노동자들과 경영자들의 사회적 교류를 유도하는 것 등이 있었다. 일본 기업들 내 소득 격차는 비슷한 서구 기업들과 비교해 훨씬 작았다.

노동자 일부가 통합되는 동안 다른 일부는 희생되었다. 계약직, 파트타임, 여성 노동자는 종신고용과 그에 따르는 온갖 혜택을 누리지 못했다. 서구 산업사회의 소기업과 비교해 대기업의 업무를 훨씬 많이 하청받아 수행한 일본 소기업도 마찬가지였다. 대기업에게 소기업은 노동력을 필요한 만큼 움직이고 멈출 수 있게 해주는, 그리하여 경기 변동을 극복할 수 있게 해주는 완충장치였다. 일본에서 기업에 통합된 정규직 엘리트 노동자들과 주변부의 비정규직 노동자들은 뚜렷이 구분되었다.

일본의 고도로 통합된 제도적 구조에서 일군의 핵심 요소들은 복지제도를 통해 연결되었다. 국가는 엉성한 복지밖에 제공하지 않았다. 그래서 노동자들은 기업의 복지제도에 크게 의존하고 더욱 복종할 수밖에 없었다. 또 제대로 된 국가복지가 없는 상황에서 일본인들은 '만약'에 대비해 사적으로 저축하려 했다. 개인들의 저축액은 우편저금제로 들어갔으므로 이 제도를 통제한 국가는 투자에 두각을 나타내는 산업 부문들에 자금을 융통해줄 수 있었다.

이처럼 일본에는 앞서 검토한 스웨덴 및 미국 자본주의와는 성격이 확연히 다른, 명백히 성공한 자본주의가 있었다. 스웨덴 자본주의에는 복지국가가 필수적인 부분이었던 반면,

일본 모델의 결정적인 특징은 복지국가의 부재였다. 일본에서는 국가의 지도 역할이 특히 두드러졌으며, 이를 관찰한 일부 논평가들은 일본과 비슷한 산업정책을 개발하자고 서구 정부들에 요청했다. 일본의 기업 소유 구조와 은행 융자는 영국 및 미국의 주식시장 모델과 대비된다. 기업의 노동자 지배는 노조가 더 전투적이었던 미국보다도 일본에서 더 완전하게 이루어져왔다. 기업복지 역시 일본에서 더 포괄적이었다. 이런 일본 자본주의를 가리켜 로널드 도어(Ronald Dore)는 또 다른 의미의 '복지자본주의'라고 일컬었다.

앞서 검토한 다른 관리자본주의 체제들처럼 일본 체제도 1960년대 후반과 1970년대에 곤경에 빠졌다. 또 같은 시기 일본은 무역을 외부에 개방하라는 무겁고도 꾸준한 압박을 받게 되었다. 이 압박은 1970년대 초에 미국과 중국이 관계를 회복한 뒤부터 시작되었는데, 이제 미국은 일본을 동아시아에서 공산주의를 막는 보루로 여기기보다는 불공정 무역 관행에 체계적으로 관여하는 산업 경쟁국으로 여기게 되었다. 일본은 영국에서 만든 라레이(Raleigh) 사의 자전거가 안전하지 않다는 유명한 주장을 펴는 등 관세 대신에 비관세 장벽을 세우는 여러 방법을 찾으면서도, 상품과 자본의 수입을 제한하던 조치들을 점차 폐지했다. 통상산업성은 통제 수단들이 해체되자 산업계에서 제2의 경력을 쌓고 있던 광범한 퇴직 관료 네트워크를 통한 '행정 지도'에 갈수록 의존해야 했다.

그렇지만 일본은 1970년대의 문제들에 대응하면서 제도를 포기하고 신자유주의 경로에 뛰어드는 선택을 하지 않았다. 일본은 성장 과정에서 축적한 자본을 수출하는 한편, 특히 동남아시아에서, 나아가 유럽과 미국, 오스트레일리아에서도 더 값싼 노동력을 활용하기 위해 사업체를 세우는 방법으로 성장과 국제 경쟁력을 유지했다. 통상산업성은 미래의 지식 기반 산업들을 발전시킬 계획에 착수했고, 일본은 곧 세계에서 마이크로칩 생산을 선도하는 국가가 되었다. 일본 산업의 경쟁력이 얼마나 강했던지 미국은 1980년대 내내 일본과의 무역에서 엄청난 적자를 보았다. 다만 일본이 미국 국채에 투자했기에 일본의 수익 중 일부는 미국으로 되돌아와 적자를 메워주었다.

이 모든 상황은 1990년대 초부터 바뀌었다. 주식과 토지의 가격이 지속 불가능한 최고조에 이르자 버블이 터졌다. 주식시장이 폭락한 데 이어 경기가 침체되고 실업자가 늘어났다. 일본은 디플레이션 악순환에 빠졌다. 실업률이 상승하고 미래의 불확실성이 커짐에 따라 사람들이 돈을 더 절약했고, 소비 수요가 감소했으며, 성장률이 더욱 낮아졌다.

지난날 성장을 가능하게 해주었던 제도들이 이제 비판을 받았다. 종신고용은 노동시장의 자유로운 작용을 방해하고 기업의 노동력 털어내기를 막는 '경직성'으로 보였다. 기업군들의 상호주 소유는 수익성 없는 기업을 떠받치고 국외 자본의 새로운 유입을 막는다는 이유로 비판받았다. 은행들은 기업군들과 지나치게 밀접한 관계인 탓에 수익성 없는 기업에서 손을 떼지 못한다고 여겨졌다. 경제성장이 꺾이고 기업, 은행, 정당, 관료를 잇는 부패한 연결고리가 폭로되자 '발전지향형 국가'(developmental state)의 기반이 흔들렸다. 일본 안팎에서 어차피 지구화의 압력을 피할 수 없으니 시장 모델에 순응하라는 요구가 제기되었다.

노동시장에서는 확실히 변화가 일어났다. 스기모토 요시오(杉本良夫)의 말대로 "일본 노동문화에서는 가족적이고 가부장적인 일본식 모델이 여전히 확고하다"고는 해도, '노동자의 임시직화'가 진행되고 '성과 기반 고용'이 도입되어왔다. 2008년 노동력의 3분의 1은 대체로 파트타임, 계약직, 임시직 노동자로 이루어진 비정규직이었다. 급여는 갈수록 연공서열이 아닌 성과에 따라 결정되었다. 이는 생각만큼 긍정적인 변화가 아니다. 초과근무수당이 없는 아주 오랜 노동시간을 의미할 수도 있기 때문이다. 제프 킹스턴(Jeff Kingston)에 따르면 "일본의 경우 21세기 들어 노동하는 빈곤층이 급증했다".

일본은 자본의 이동성을 높이고 금융시장 규제를 완화하라는 압력을 점점 크게 받기도 했다. 1996년, 은행업과 금융업에 대한 이른바 '빅뱅' 규제 완화가 발표되어 일본 자본이 더 자유롭게 움직이고 외국 금융업이 일본에 한층 수월하게 진출할 수 있게 되었다. 보호책을 잃어버린 일부 허약한 기업들은 파산하거나 경영을 합리화해야 했다. 외국 자본이 들어오기 시작하는 가운데 1999년 르노(Renault) 사가 무너져가는 닛산 자동차를 인수하고 공장 일부를 폐쇄했다. 그렇지만 브루스 애런슨(Bruce Aronson)에 따르면 일본에서는 미국이나 영국에 있는 것과 같은 강한 자본시장이 발전하지 않았고 전통적인 은행업 관행이 지속되었다. 이는 한편으로 일본이 벤처 자본의 과감한 활동으로부터 큰 이익을 얻지 못했다는 의미일 수도 있지만, 서구 경제를 2007~2008년 위기로 이끈 금융화를 대체로 피했다는 의미이기도 했다.

일본은 경제 재시장화를 시작했지만 1990년대부터 경제를 괴롭힌 디플레이션에서 빠져나올 만큼 충분히 하지는 않았다. 정부가 경제에 돈을 투입하려 시도했으나 1991년부터 2012년까지 연간 GDP 성장률이 0.2퍼센트에 불과할 정도로 일본의 성장률은 아주 낮은 수준으로 유지되었다. 디플레이션과 세입 감소의 한 가지 결과는 2012년 GDP의 230퍼센트에 달할 만큼 엄청나게 누적된 공채였다. 많은 이들이 지속 불가능하다고 여겼던 일본의 공채는 데이비드 필링(David Pilling)의 지적대로라면 겉보기만큼 나쁜 게 아니었다. 공채의

적어도 90퍼센트는 외국 대출기관들이 아니라 저축한 일본인들에게 진 빚이었기 때문이다.

일부 외국 논평가들이 일본을 가리켜 경제 마비 상태(basket-case)라고 불렀지만 사실 일본은 그런 상태와는 거리가 멀었다. 일본의 주요 기업들은 국제 무역을 계속 지배했다. 2002년 실업률이 5퍼센트를 넘었지만 국제 기준으로 보면 여전히 낮은 수준이었고, 2014년 초에 4퍼센트 아래로 낮아졌다. 데이비드 필링은 **1인당 실질소득**을 고려하면, 그리하여 디플레이션의 유익한 물가 효과와 상대적으로 정상적(定常的)인 일본의 인구 규모를 감안하면, 일본이 실제로 2002년부터 영국 및 미국보다 더 나은 성과를 냈다고 분석한다. 또한 지난 30년간 성장의 이익이 영국과 미국에서는 거의 전부 상위 1퍼센트 고소득자들에게 돌아갔지만 일본에서는 "더 균등하게 분배되었다"고 말한다.

앞으로는 어떻게 될까? 이 글을 쓰는 시점에 일본 총리 아베 신조는 디플레이션에서 빠져나오기 위해 1990년 경제 붕괴 이래 가장 결연한 정부 차원의 노력을 기울이고 있다. 아베는 자신의 아베노믹스와, (갈수록 강력해지는) 중국에 대항하는 민족주의적/군국주의적 입장으로 유명하다. 이 두 가지는 서로 무관하지 않다. 아베는 국력과 경제력을 분명하게 연결하고 있기 때문이다. 일본을 디플레이션에서 벗어나게 하기 위한 그의 계획은 '세 개의 화살'을 쏜다는 것이었다.

처음 두 화살, 즉 정부 지출의 대폭 확대와 과감한 양적 완화는 이미 사용했다. 양적 완화 조치로 엔화 가치가 하락했는데, 이는 대규모 수출기업들에 이로운 효과를 가져왔다. 그렇지만 그 대가로 중국과의 경제적 분쟁이 늘었으며, 앞으로 중국에 의해 보복당할 공산이 크다. 그리고 실제로 인플레이션이 발생했지만 일반 국민들의 구매력은 경제에 필요한 더 많은 수요를 창출할 수 있을 만큼 상승하지 않았다. 한 가지 이유는 공공부문의 부채를 줄이기 위해 부가가치세를 올린 데 있었다. 특히 노동시장, 의료 서비스, 농업에 초점을 맞추어 의욕적으로 구조를 개혁하려던 셋째의 재시장화 화살은 예상대로 고도로 조직된 이해관계의 저항에 부딪혔다. 아베노믹스에는 그 나름의 문제점과 모순이 있다.

재시장화가 점차 이루어지긴 했지만, 일본은 문화적·제도적 연속성으로 유명하다. 하지만 일본은 특히 메이지유신 기간과 1940년대 후반 전후의 군정기를 비롯해 과거에 대변혁을 경험하기도 했다. 오늘날 일본에는 다시 한번 변화의 기운이 감돌고 있다. 아베노믹스가 출현하기도 전에 제프 킹스턴은 1990년대의 '잃어버린 10년'에 대응하는 뚜렷한 변혁의 조짐이 있다고 보았다.

과거 두 차례 대변혁 기간에는 외부 세계의 영향이 결정적인 역할을 했다. 힘을 키워가는 중국의 압박을 받는 상황에서 아베 신조는 과연 변혁을 끝까지 밀고나갈 수 있을까? 설령 그렇게 한다 해도, 그것은 장차 일본의 특색이 사라질 것이라는 의미가 아니다. 어쨌거나 일본의 특색은 옛것과 새것을 섞어 독특하고도 효과적인 제도를 창안했던 과거 변혁들의 교훈에 있다.

수렴?

이제까지 세 가지 관리자본주의 국가 체제가 저마다 독특한 조직과 제도를 형성하며 등장한 과정을 검토했다. 세 나라에서 자본주의적 산업화는 공히 계급 조직화와 계급투쟁, 자본주의 사회의 문제를 관리하려는 정부의 시도를 낳았다. 또한 세 나라 모두, 비록 서로 의미가 다르긴 해도, '복지자본주의'를 만들어냈다.

자본주의의 문제들을 나름대로 해결해온 것으로 보이긴 하지만, 세 나라 모두 1970년대부터 점점 늘어나는 과제들에 직면했다. 어느 정도는 세계 경제의 변화 때문이었지만, 어느 정도는 제각기 창안한 독특한 제도 때문이었다. 세 나라 모두 관리자본주의의 관행을 포기하고 시장의 힘이 더 자유롭게 작용할 수 있도록 개혁을 도입하라는 압력을 받았다. 또한 모두 재시장화 과정을 겪었다. 그렇다면 세 나라 모두 동일한 관행을 받아들임에 따라 국가별 차이가 사라졌다는 뜻일까?

먼저 지적할 점은 모델들이 변천한다는 것이다. 세 나라 모두 한때 적어도 일부 사람들에게는 다른 나라들이 모방해야 할 선도적 자본주의 경제로 보였다. 실제로 세 나라의 성공 경로를 다른 나라들이 똑같이 따라갈 수밖에 없을 것으로 예상되었다. 그러나 세 나라의 제도는 저마다 문제들을 낳고 결국 경제 위기를 야기했다. 가장 근래에는 미국의 자유시장과 주주자본주의가 무엇이든 정복할 것처럼 보였지만, 바로 이 자본주의가 숱한 스캔들과 2007년 시작된 긴 위기를 초래했다.

국제 경쟁의 격화와 지구화는 세 나라에서 공히 재시장화로 귀결되었다. 그렇지만 이 결과를 수렴과 혼동해서는 안 된다. 세 나라의 자본주의는 이제까지 나름대로의 속도와 방식으로 재시장화되었기 때문이다. 더욱이 세 나라의 독특한 제도는 다른 나라들과 경쟁하는 동안 특별한 이점을 선사한다. 마지막으로, '지구화'라는 용어는 비록 자본주의의 중요한 변화, 특히 자본 이동의 규모와 속도가 증가한 변화를 가리키긴 하지만, 제5장에서 살펴볼 것처럼 실상을 호도하는 세계 균질화라는 개념을 동반한다.

제 5 장

자본주의는 지구화되었는가?

'전 지구적 자본주의'가 상투어가 된 오늘날에는 자본주의가 전 세계를 기반으로 조직된다는 증거가 많이 있다. 매일 세계를 가로질러 거액이 송금된다. 기업들은 서로 멀리 떨어진 여러 나라에서 생산시설을 운영한다. 상품과 서비스 시장은 물론이고 자본과 노동 시장 역시 여러 면에서 전 세계를 아우른다. 이런 사실들은 날마다 사람들의 삶에 영향을 주는 전 지구적 자본주의의 현실이지만, 이 개념과 연관된 신화도 많이 있다. 이 장에서는 그런 현실과 신화를 살펴볼 것이다.

전 지구적 자본주의, 구형과 신형

첫째 신화는 전 지구적 자본주의가 새로운 무언가라는 것이다. 자본주의는 거의 생겨나자마자 전 세계로 퍼져나갔다. 15세기와 16세기에 항해사들이 유럽에서 다른 대륙들로 가는 루트를 안내하자 상업자본가들이 재빨리 그 뒤를 따랐다. 동인도회사들은 아시아의 상품을 유럽 소비자들에게 가져다주고 거꾸로 유럽의 제품을 아시아에 수출했다. 대서양 삼각무역을 통해 유럽에서 아프리카로 상품이 운송되고, 아프리카에서 아메리카와 카리브해로 노예가 팔리고, 아메리카와 카리브해에서 노예들이 생산한 설탕과 럼주, 목화가 유럽으로 들어갔다.

그렇지만 최근 우리가 겪은 통신혁명 못지않게 심대한 영향을 끼친 19세기 통신혁명 전까지만 해도, 여행은 느리고 때때로 중단되는 위험천만한 일이었다. 증기력으로 움직이는 기차와 선박은 여행의 속도를 올려주었을 뿐 아니라, 날씨에 관계없이 규칙적이고 안정적인 방식으로 상품과 사람을 세계 각지로 대량 운송할 수 있게 해주었다. 또 전신이 발명된 덕에 이제 인편이나 비둘기로 메시지를 전달할 필요가 없어졌고, 해저 전신 케이블이 깔린 후로는 그전까지 선편으로 70일 걸렸던 런던과 오스트레일리아 간 통신을 단 나흘 만에 할 수 있었다. 나중에 발명된 전화는 전 세계에서 즉시 통신을 가능하게 해주어 처음으로 '거리를 파괴'했다.

조직된 세계 경제도 19세기에 출현했다. 그 경제의 핵심 원리는 소수의 제조업 국가들과 나머지 세계의 국제 분업이었다. 제조업 국가에게 나머지 세계는 상품을 판매할 시장이자 자급할 수 없는 식량과 원료의 공급처가 되었다. 자본은 국가들 사이를 자유롭게 이동했지만, 1870년 이후로 갈수록 국가 경제들의 관계를 규제한 금본위제의 얼개 안에서 이동했다. 금본위제는 훗날 1930년대에 대공황의 압박을 받아 붕괴할 때까지 통화의 가치와 금의 중량을 연계함으로써 국제 경제를 규제했다.

이런 세계 경제는 중심부의 민족국가들을 확장한 제국들 안에서 조직되었다. 이 제국들은 식민 영토 형태만이 아니라 직접적인 식민 지배를 받지 않는 세계의 지역들을 갈라놓는 세력권의 형태로도 나타났다. 유럽 국가들이 맨 먼저 해외 제국을 만들었지만, 미국도 태평양과 라틴아메리카에서 덜 공식적인 제국을 건설했고, 19세기 마지막 25년간 일본도 유럽 모델을 좇아 첫 해외 영토를 획득했다. 20세기 초 국제 경쟁과 경제 위기의 압박 아래 열강마다 자국의 해외 시장과 자원 공급처를 보호하고 나서자, 세계는 갈수록 제국들로 갈라지게 되었다. 세계 경제를 통합하던 추세는 제1차세계대전 이후 실제로 뒤집어졌다.

제2차세계대전 이후 이같은 제국의 얼개는 흐트러지기 시작했다. 이제 금융과 생산의 새 중심지들이 옛 산업국가들 밖에서 출현할 수 있었다. 무역의 흐름은 국가/제국의 경계 안에 머무르지 않고 경계를 넘어섰다. 자본과 노동 모두 국경을 넘어 더 자유롭게 이동하기 시작했다. 전 지구적 자본주의는 새롭지 않았을지 몰라도 분명 변형되었고, 이례적으로 역동적인 단계에 접어들었다.

전 지구적 제조업

국제 분업이 널리 퍼지긴 했지만, 임금노동은 주로 산업사회들에 집중되었다. 제3세계의 광산, 플랜테이션, 상업형 농업에서도 분명 임금노동이 이루어졌지만, 대개 지역 내에서 소작이나 상거래 같은 다른 생계수단과 결합된 혼성적 또는 간헐적 형태였다. 데이비드 코츠에 따르면, 20세기 마지막 30년간 자본의 노동력 구하기로 인해 '세계 프롤레타리아트'의 규모가 두 배로 늘어 약 30억 명이 되었다.

자본주의적 생산을 퍼뜨린 주요 매개체는 다국적 기업이었다. 다국적 기업은 특히 20세기 마지막 25년간 빠르게 성장해 1973년 7000개에서 1993년 2만 6000개로 늘어났다. 다국적 기업의 국외 사업에 대한 투자는 특히 1985년 이후 급증했다.

이 투자액 중 태반이 다른 산업사회들로 가긴 했지만, 1990년대 들어 개발도상국에 대한 투자도 가파르게 늘었다.

이 과정을 여실히 보여주는 사례로 멕시코에서 마킬라도라(maquiladora)라고 알려진 제조공장이 있다. 마킬라도라는 1965년 멕시코가 미국과의 국경으로부터 10마일 이내 지역에 완제품을 재수출하는 조건으로 원료와 부품을 무관세로 수입하는 공장의 설립을 허용하면서 시작되었다. 1993년 북미자유무역협정(NAFTA)이 체결되어 무역 장벽이 제거되자 마킬라도라는 더욱 빠르게 성장했다. 미국과 유럽의 자본이, 결국 일본의 자본까지 멕시코의 값싼 노동력을 활용하고자 들어왔다. 주로 자동차, 전자, 직물 산업의 제조공장과 조립공장 수천 개가 멕시코 국경을 따라 세워졌다. 경영자들은 미국에 있는 집에서 매일 자가용 승용차로 출근한 반면, 자가용이 없는 노동자들은 판자촌에서 버스로 출근했다.

멕시코에서 노동력이 저렴했던 것은 단순히 공급이 많았기 때문이 아니라 노동이 조직되지 않고 규제되지 않았기 때문이기도 하다. 독립적인 노동조합을 결성하려던 시도는 고용주와 정부의 협동공격으로 무산되었다. NAFTA는 노동자 권리와 노동조합 보호책을 포함했지만 이 조항들은 시행되지 않았다. 값싼 멕시코 노동력과의 경쟁을 줄이는 편이 명백히 이익이었던 미국 노조들은 멕시코 노동자들을 조직하고

NAFTA의 노동 조항들을 환기시키려 했지만 큰 성공을 거두지 못했다. 건강, 안전, 환경 관련 규제는 아예 없거나 아주 허술하게 시행되었다. 멕시코 정부는 분명 보고도 눈을 감으려 했다. 마킬라도라가 21세기 초에 약 100만 개의 일자리를 제공하며 멕시코 경제에 크게 이바지했기 때문이다. 마킬라도라는 석유에 이어 멕시코의 외화 획득에 두번째로 많이 기여하고 있었다.

더 최근에는 아시아가 자본에, 특히 일본 자본에 더욱 매력적인 투자처가 되었다. 일본 자본은 일련의 물결을 타고 동아시아 나라들로 쏟아져들어갔다. 2차대전 이후 일본 산업이 빠르게 성장하자 국내에서 토지와 노동력이 부족해지고 물가가 상승해 국내 생산 비용이 갈수록 올라갔다. 1970년대와 1980년대에 일본 자본은 더 값싼 노동력을 찾아 첫 물결을 타고 홍콩, 타이완, 싱가포르, 남한의 '호랑이 경제'로 들어갔다. 그후 이들 국가에서 생산 비용이 올라가자 일본과 '호랑이들'의 자본은 두번째 물결을 타고 인도네시아, 말레이시아, 태국으로 들어갔다. 더 최근에는 중국과 베트남으로 향하는 세번째 투자 물결이 일었다.

이들 국가로 확산된 제조업은 특히 젊은 여성들을 임금노동으로 끌어들였다(그림 7). 멕시코 마킬라도라 노동력의 60~70퍼센트가 그런 여성들이었다고 한다. 동남아시아에서 나이키(Nike) 사와 갭(GAP) 사의 공장들은 아동노동 착취를 금하는 법률과 지침에도 불구하고 16세 이하 소녀들을 고용해 비난을 받았다. 자본주의는 가장 저렴한 노동력을 얻기 위해 가부장제와 결합한다. 여성은 보통 남성보다 임금을 적게 받고, 남성의 통제 아래 있으며, 노동력 수요가 줄어들면 가정으로 돌려보낼 수 있도록 임시직으로 고용하기 때문이다.

이렇게 임금노동이 확산되자 기존 산업사회들에서 노동계급이 약해졌다. 그곳 노동자들은 좋은 일자리뿐 아니라 교섭력까지 잃어버렸다. 지난날 노동자들은 집단 조직화를 통해 자본과 노동 간 권력 격차를 줄일 수 있었다. 하지만 외국의 저렴하고 규제받지 않는 노동력과 경쟁하게 되자 노동계급의 이런 권력이 흔들렸다. 그렇다고 노동조직을 확대해 대체로 조직되지 않은 외국 노동자들까지 포괄하기란 여간 어려운 일이 아니었다.

약간의 보상이 있기는 했다. 기존 산업사회의 노동자들이라도 소비자로서는 분명 득을 봤기 때문이다. 외국의 더 저렴한 노동력과 더욱 치열한 국제 경쟁은 그들이 구입하는 상품의 가격을 낮추는 결과를 가져왔다. 이는 영국에서 **실질**임금이 아주 최근까지 실제로 계속 증가했음을 의미한다. 그렇지만 실질임금 증가율은 내림세였다. 영국 통계청에 따르면, 연간 실질임금 증가율은 1980년대의 2.9퍼센트에서 1990년대의

7. 베트남 나이키 공장의 저임금 노동자들.

1.5퍼센트, 2000년대의 1.2퍼센트로 낮아졌다. 그리고 2010~2013년에는 실질임금 자체가 해마다 2.2퍼센트씩 감소했다.

전 지구적 원격근무

제조업만 기존 산업사회에서 빠져나간 것이 아니다. 타자치기, 전화 응답, 데이터 처리, 소프트웨어 개발, 문제 해결 같은 대다수 사무직 업무를 이제 원격으로 수행할 수 있기 때문이다. 정보통신 기술이 발전한 덕에 특히 이런 종류의 업무를 임금과 사무실 비용이 훨씬 적게 드는 외국 지역으로 옮기기가 쉬워졌다. 제조업의 경우와 같은 이유로 이런 업무에는 보통 젊은 여성들이 고용된다.

한때 영국에서 콜센터는 제조업에서 사라지는 일자리를 대체하는, 가장 빠르게 성장하는 일자리 공급처였다. 하지만 콜센터 일자리는 다시 국외로 이동했다. 영국의 은행, 보험사, 여행사, 전기통신사, 철도회사 등은 콜센터를 중국, 인도, 말레이시아로 옮겼다. 이와 비슷하게 프랑스 기업들은 콜센터 업무를 아프리카의 프랑스어권 나라들로 옮겼다. 미국 기업들은 콜센터와 데이터 처리 업무를 카리브해 일대로 옮긴 지 오래다.

세계에서 영어권에 속한다는 것은 상당한 이점으로, 이 덕분에 카리브해의 몇몇 섬나라와 인도는 유리하게 출발할 수 있었다. 그렇지만 영어 하나만으로 충분한 것은 아니다. 당연히 어느 정도 훈련이 필요하다. 인도의 경우에 전화 응답 노동자들은 서구식 억양과 대화를 훈련받는다. 또 콜센터를 효과적으로 운영하려면 효율성과 고객 서비스 사이에서 균형을 잡을 수 있는 '고객관계 매니저'의 세심한 관리가 필요하다. 소프트웨어 개발에는 더 높은 수준의 숙련이 필요하다. 인도 도시 벵갈루루가 소프트웨어 생산의 거점이 된 것은 영어를 구사하고 고등교육을 받은 노동력을 구할 수 있었기 때문이다. 텍사스인스트루먼츠, 모토로라, 휴렛팩커드, IBM 같은 굴지의 기업들이 이 도시에 소프트웨어(그리고 하드웨어) 생산기지를 세웠다.

이것은 단순히 가난한 나라들이 부유한 나라들보다 더 값싼 노동력을 제공하는 문제가 아니라 가난한 나라들이 서로 치열하게 경쟁하는 문제이기도 하다. 오래전부터 원격근무를 해온 바베이도스와 자메이카는 다른 카리브해 국가들 및 중앙아메리카와의 점점 심해지는 경쟁에 부딪혔다. 또 카리브해 일대는 인도, 필리핀, 말레이시아, 중국에서 구할 수 있는 더욱 값싼 노동력과의 경쟁에 직면했다. 원격근무 시설을 쉽게 세울 수 있다는 사실은 더 반복적인 저숙련 형태의 원격근무가 거의 제약 없이 퍼져나갈 수 있음을 의미한다.

전 지구적 관광

국제 관광은 자본주의의 전 지구적 확산에 대한 서술에서 대개 언급되지 않지만, 국제 관광의 성장은 국가 간 경제적 연계가 강화되고 있음을 드러내는 가장 뚜렷한 징후 중 하나다. 1950년과 2013년 사이에 국제 관광객 수는 연간 2500만 명에서 10억 8700만 명으로 대폭 증가했다. 관광은 가장 가난한 나라들에서 외화를 버는 주된 수단이 되었다.

국제 관광은 역사상 자본주의의 성장에 별반 영향받지 않은 세계의 지역들로 자본주의적 관행을 퍼뜨린다. 관광은 전 지구적 시장에 내놓을 상품이나 여타 서비스를 생산할 능력이 거의 없는 지역들로 파고들 수 있다. 사실 안데스 산맥 동쪽 경사면에 자리한 마추픽추부터 히말라야 왕국들까지 외지거나 개발되지 않은 오지들은 무엇보다 궁벽하거나 전통적인 까닭에 관광객에게 특히 매력적인 장소로 비칠 수 있는 것이다. 또 관광은 술집과 호텔의 유급 일자리를 만들어낸다. 관광은 음식과 교통 수요를 더 많이 창출하고, 현지에서 기념품과 유물 모조품을 제작할 수 있는 토대를 놓기도 한다. 관광 소득으로 통화 유통량이 늘어난 곳에서는 공산품이 수입되고 새로운 소비 패턴이 자리잡는다.

상품화 과정은 문화 관행, 야생생물, 자연경관, 풍광 등이 과거에는 없었던 금전적 가치를 가지게 되면서 일어난다. 상업화되고 나면 관습이 진정성을 잃어버리고 자연이 덜 자연스러워질 수도 있다. 하지만 상업화를 통해 적어도 변형된 형태로나마 관습과 자연을 살려둘 수 있다. 갈수록 자본주의화되는 세계에서 문화 관행과 자연경관의 유지를 보장하는 유일한 길은 이것들로부터 이익을 얻을 방법을 찾는 것이다. 더구나 코스타리카가 홍보한 생태관광 사례처럼 보존 원칙 자체가 산업의 기반이 될 수도 있다.

전 지구적 관광은 섹스 관광을 통한 성의 상품화 과정, 즉 가난한 나라에서 성인의 몸과 미성년자의 몸 모두 금전적 가치를 얻은 과정에도 책임이 있다. 섹스 관광의 규모는 어마어마하다. 1999년 미국에만 아시아를 목적지로 하는 섹스 관광을 제안한 회사가 25개 이상 있었다고 한다. 국제 섹스 안내서는 세계 각국의 성매매 가능 여부, 서비스 내용, 가격과 더불어 여행계획을 짜는 데 도움이 될 만한 링크를 제공한다.

전 지구적 관광은 분명 순전한 축복이 아니었으며, 비록 관광객을 맞아들이는 사회에 얼마간 경제적 보상을 가져다주었다 해도, 그런 수익이 대부분 이 업종을 지배하는 외국계 기업들—항공사, 호텔 체인, 여행사—에 돌아갔다는 사실에 유념해야 한다.

전 지구적 농업

이제까지 전 지구적 자본주의의 사례들을 살펴보면서 농업은 다소 등한시했다. 주장하건대 전 지구적 농업은 새로운 게 아니라 오래전부터 인도와 스리랑카의 차 플랜테이션이나 중앙아메리카의 과일 플랜테이션에서 번창해온 것이다. 19세기에 국제 분업이 이루어지면서 산업사회들을 상대로 나머지 세계의 농산물을 판매할 새로운 시장이 생겼고, 서구 기업들이 대규모 농산물 생산에 자본을 투여했다.

그렇지만 농업에서도 국제 경쟁이 심화되고 자본주의적 생산이 확산되었다. 1990년대에 바나나 산업은 시장에서 흡수할 수 있는 양보다 더 많은 바나나를 생산하다가 위기를 맞았다. 미국 과일 기업들, 특히 도일(Dole) 사는 임금과 여타 노동비용이 한결 적게 들고 노동조합이 없는 에콰도르로 생산지를 옮기기 시작했다. 그후 바나나 노동자들의 조합이 결성되었지만 폭력적인 공격에 자주 직면했다. 바나나 기업들은 세계무역기구를 활용해 아프리카와 카리브해의 탈식민 지역들에서 바나나를 재배하는 농민들에 대한 우대를 끝내도록 유럽 연합에 압박을 가하기도 했다. 더 많은 비용을 들여 대체로 소규모로 재배하던 그 농민들은 바나나 기업들과는 자유시장에서 도무지 경쟁할 수가 없었다. 결국 유럽 연합은 2010년 소규모 생산 국가들에 대한 우대를 줄이면서도 재정 지원을

8. 도일 사의 대규모 바나나 출하 과정. 에콰도르.

제공해 그들이 "향후 수년간 새로운 무역 현실에 적응"하도록 도왔다.

소규모 생산자들은 다른 방식으로도 자본주의적 농업 쪽으로 내몰렸다. 반다나 시바(Vandana Shiva)는 기업식 농업, 생명공학, 화학공업, 제약산업을 망라하는 고도로 집중된 '생명과학 기업들'이 갈수록 농업을 지배하고 있다고 주장한다. 이 기업들은 유전자를 조작한 종자를 파는데, 이들의 주장대로라면 큰 작물을 생산할 수 있고 예컨대 쌀에 비타민 A를 첨가하는 방법 등으로 영양 결핍증을 치료할 수 있다. 이런 농업으로 환금작물을 아주 많이 생산할 수 있지만, 그러자면 역시 이 기업들이 판매하는 살충제와 제초제를 잔뜩 뿌리고 물을 많이 사용해야 한다. 그나마도 부족한 수자원이 고갈되고 화학적 오염물질이 늘어나고 생물다양성이 훼손될 경우 환경 재앙이 일어날 수 있다. 농민들은 기업에 종속될 뿐 아니라 상당한 금액을 투자해야 하는 까닭에 빚까지 내고 있으며, 만약 수확량이 적거나 다른 재해가 닥쳐 채무 상환 능력을 잃으면 결국 토지를 빼앗길 수 있다. 생존 능력을 잃은 소규모 농업은 대규모 자본집약적 단위에 흡수된다.

이 과정은 자연의 상품화를 동반한다. 다시 말해 예전에는 천연자원이었고 대개 누구나 공짜로 이용할 수 있었던 식물, 씨앗, 유전자, 물이 금전적 가치를 가진 상품이 된다. 지식 자체도 상품화되어왔다. 세계무역기구의 '무역 관련 지적 재산권에 관한 협약'은 국가들에 식물 품종과 유전 물질에 특허권을 주는 것을 허용하라고 요구한다. 반다나 시바는 이것의 의미가 다음과 같다고 주장한다.

> 빈민들의 지식이 글로벌 기업들의 재산으로 둔갑하는 한편, 빈민들 본인이 진화시켰고 자신들의 영양과 치료를 위해 사용해온 씨앗과 약물을 이제 그들이 돈을 내고 사야 하는 상황이 벌어지고 있다.

전 지구적 통화

이제껏 검토한 자본주의적 관행이 확산되면서 필연적으로 통화 유통량이 늘었지만, 20세기 마지막 25년간 정말 놀라우리만치 증가한 국제 통화 유통량은 주로 투기적인 통화 이동의 결과였다. 대부분 투기적 성격이었던 국제 투자의 액수는, 마누엘 카스텔(Manuel Castells)에 따르면, 1970년부터 1997년까지 거의 200배 증가했다. 20세기 말에 거래된 세계 통화는 하루 1조 5000억 달러에 달했지만, 여기서 멈추지 않고 더 올라가 2011년 하루 5조 달러가 되었다. 이 엄청난 증가세는 외국 여행이나 국제 무역을 위한 통화 거래가 아니라(분명 그런 거래가 이루어지긴 했지만) 통화의 이동을 활용해 돈을 벌려는 투기와 관련이 있었다.

이렇게 국제 통화의 거래와 투자가 확대될 수 있었던 것은 기술 발전 덕분이었다. 그중 하나는 통신 기술이었다. 정지 위성, 데이터의 디지털 전송, 컴퓨터 네트워크 덕에 처리 가능한 거래의 속도와 엄청난 액수가 모두 증가했다. 또하나는 금융 기술과 혁신이었다. 금융서비스 산업이 번창하면서 시장에 투자하고 자본 흐름을 시장으로 돌리는 여러 새로운 방법이 개발되었다.

닉 리슨이 거래해 그야말로 재앙을 불러온(제1장 참조) 오늘날 유명한 '파생상품'은 가장 정교한 새 금융 수단이었다. 1980년대부터 투자를 끌어들이기 시작한 '신흥 시장들'로 투자 펀드를 통해 돈이 더 곧장 흘러들기도 했다. 그런 시장에서 투자자에게는 새로 산업화중인 국가들의 주식을 싼값에 사들인 뒤 가격이 올랐을 때 팔아 이익을 거둘 기회가 있었다. 풍족한 사회의 금융산업은 보통사람들의 저금을 활용하기 위해 재빨리 각종 펀드를 만들었다.

1970년대 통화 변동은 새로운 불확실성과 새로운 기회를 낳아 통화 거래와 선물 시장을 자극했다. '변동'의 의미는 통화의 가치가 공정환율(公定換率)이 아닌 시장에 의해 결정된다는 것, 통화의 공급과 수요에 따라 오르내린다는 것이었다.

기업들은 사업하는 데 외화가 필요했으므로 통화 변동에 따른 불확실성이 더 컸고, 따라서 선물을 거래하는 방법으로 불확실성에 대비할 필요가 있었다. 그렇지만 통화 거래량이 늘어난 것은 무엇보다도 변동환율제에서 투기할 기회가 더 많았기 때문이다.

왜 통화가 이런 식으로 변동했을까? 1944년 브레턴우즈 회의에서 확립된 종전 체제에서 다른 통화들의 가치는 달러화에 고정되고 달러화의 가치는 다시 금에 고정되어 있었다(35달러를 금 1온스에 고정했다—옮긴이). 이 체제의 안정성 덕에 국제 무역이 팽창하고 한동안 경제가 꾸준히 성장할 수 있었다. 그렇지만 1970년대 초에 달러화의 고정가치를 유지하기가 점점 더 어려워진다는 것이 입증되자, 미국 정부는 달러화를 평가 절하할 수밖에 없었다. 이 시기에 달러화를 평가 절하한 데에는 무엇보다 베트남 전쟁에 대한 정부 지출의 여파를 비롯해 특정한 이유들이 있었지만, 어차피 브레턴우즈 체제는 갈수록 커지는 중압에 시달리고 있었다.

그 이유는 정부들이 공식 고정환율을 유지하려면 인기 없는 정책을 추진하거나 국경을 넘는 통화의 이동을 통제하는 수밖에 없었다는 데 있다. 무역적자가 늘어나 기존 환율이 압박을 받고 투기자들이 통화 평가 절하에 배팅하기 시작할 경우, 정부는 자국 통화의 가치를 유지하기 위해 조치를 취할 수 있었다. 예컨대 정부는 수입을 억제하기 위해 소비를 줄일 수 있었다. 그렇지만 민주주의 사회에서 이런 조치는 정치적으로 큰 부담이 되었다. 그러지 않고 외환 관리를 통제해 투기자들의 통화 이동을 멈추려 시도할 수 있었다. 그러나 이 방법으로 통화 이동을 통제하기가 갈수록 어려워졌다. 무역량이 증가했고, 국외에서 미국 달러화를 비롯한 몇몇 공식 통화의 보유고가 늘어났으며, 더 많은 양의 돈이 국가들 사이를 오가기 시작했기 때문이다.

제3장에서 검토한 1980년대 재시장화된 자본주의의 규제 완화 풍조도 이 모든 과정에서 일정한 역할을 했다. 국가가 환율을 고정하고 통화의 국제 이동을 통제하는 것은 자유시장과 경쟁에 대한 새로운 믿음에 부합하지 않았다.

또 금융산업들이 성장하며 갈수록 치열하게 경쟁하는 상황에도 부합하지 않았다. 이 산업들의 건강은 시장을 통해 국제 통화의 흐름을 끌어당기는 각각의 역량에 달려 있었기 때문이다. 1987년 10월 런던 금융가의 '빅뱅' 규제 완화의 배경에는 세계의 금융 중심지들끼리 벌이는 경쟁, 뉴욕을 따라잡으려는 런던의 노력이 있었다. 새로운 금융 중심지들도 경쟁에 뛰어들었다. 1990년대에 개발도상국들에 약 35개의 주식시장이 있었으며, 그중 일부는 매우 정교한 금융 중심지가 되었다. 닉 리슨은 그중 싱가포르의 금융선물거래소인 시멕스

(Simex)를 통해 명성을 얻고 또 잃었다.

전 지구적 통화 흐름은 실로 놀라우리만치 증가해왔다. 통신 기술의 발달이 이런 변화를 가능케 했지만, 변화를 추동한 요인은 금융산업의 성장, 국제 경쟁의 격화, 자본주의의 재시장화였다.

얼마나 전 지구적이었는가?

자본주의적 제도와 관행이 세계 곳곳으로 퍼져나가긴 했지만, 이쯤에서 잠시 멈추고 '전 지구적 자본주의'가 실제로 얼마나 전 지구적이었는지 따져볼 필요가 있다.

세계를 가로지르는 통화 유통량이 늘었다곤 해도 과연 전 지구적으로 유통되고 있을까? 새로운 국가들이 산업화되고 있었고, 개발도상국에서 새로운 금융 중심지들이 등장했고, '신흥 시장들'에 대한 투자가 유행하긴 했지만, 대부분의 통화는 여전히 선진 사회들 사이에서 흐르고 있었다.

대외 투자는 여전히 부유한 국가들에 편중되고 있다. 비록 빈국들로 향하는 대외 투자가 늘긴 했지만 그마저 특정 지역들로 심하게 쏠리고 있다. 국제연합 무역개발회의(UNCTAD)에 따르면, 대외 투자의 절반가량은 여전히 선진국들로 향한다. 약 4분의 1은 동아시아로 향하는데, 주로 중국으로 들어가지만 인도네시아, 말레이시아, 싱가포르 같은 나라들이 중국을 따라잡고 있다. 인도를 비롯한 아시아의 다른 지역들과 아프리카는 대외 투자를 아주 조금 받는다. 2011년 아프리카 전체는 대외 투자 총액에서 채 3퍼센트도 받지 못했다. 투자는 전 지구적으로 확산되지 않고 있다.

일각에서는 지구화가 평등화로 귀결되어 빈국들이 결국 부국들을 따라잡을 것이라고 전망했다. 한동안 세계 2위 경제 대국이었던 일본은 그런 결과가 생길 수 있음을 보여주었다. 일본을 밀어내고 2위 경제 대국이 된 중국과(막대한 인구를 고려하면 생각만큼 인상적이진 않지만) 아시아의 다른 나라들도 그런 결과가 가능함을 보여주었다. 전 지구적 자본주의 경제가 확립되고 있으므로 앞으로 국제 격차가 사라질까?

지구화가 평등화를 가져온다는 주장을 심히 미심쩍게 여기는 로버트 웨이드(Robert Wade)는 그 주장이 대체로 중국 사례에 의존한다고 지적한다. 나머지 세계는 어떠한가? 더욱이 아마르티아 센(Amartya Sen)이 강력하게 주장해온 대로, 부국들과 빈국들 간 격차가 워낙 커서 국제 불평등의 미미한 변화는 실질적으로 중요하지 않다.

그렇다면 **국제** 불평등에 초점을 맞추어야 할까? 토마 피케티는 전 세계 부의 분배를 검토했다. 그가 지적하는 핵심 문제는 자본 수익률, 특히 가장 부유한 사람들의 자본 수익률이

1987~2013년 세계 평균 소득 증가율을 상회했다는 것으로, 이는 부의 불평등이 심화되었음을 의미한다. 불평등의 정도는 최상위 부유층의 부를 고려할 때 특히 선명하게 드러난다. 피케티가 인용하는 〈포브스Forbes〉의 데이터에 따르면, 달러 억만장자들이 1987년에는 전 세계 사유재산의 0.4퍼센트를 소유했던 반면, 2013년에는 1.5퍼센트를 소유했다. 억만장자의 수는 1987년 성인 1억 명당 5명에서 2013년 100만 명당 30명으로 늘었다. 필시 중요한 문제는 국제 불평등보다는 오히려 갈수록 벌어지는 부의 격차일 것이다. 아마도 경제가 더디게 성장할 미래 세계에서 이 격차는 커지기만 할 수도 있다.

'지구화'라는 표현의 또다른 문제는 '글로벌 기업'처럼 국가 단위를 초월하는 새로운 수준의 전 지구적 조직이 출현했다는 사실의 함의다. 여러 나라에서 국경을 넘나들며 사업하는 기업이라는 의미의 초국적 기업이 분명 여럿 있지만, 대다수 초국적 기업은 소수의 나라에서만 사업을 하는 까닭에 전 지구적 성격의 기업으로 보기 어렵다.

대개 초국적 기업들은 특히 일자리를 외국으로 이전하는 식으로 민족국가를 무시하는 것처럼 보인다. 그러나 모든 초국적 기업은 하나의 특정한 민족국가에 근거지를 두고 있으며, 대다수는 실제로 그 국가에서 대부분의 자산을 보유하고 대부분의 일자리를 제공한다. 초국적 기업들은 근거지 민족

국가의 기반시설과 제도를 활용하고, 그 국가의 권력을 활용해 외국에서의 사업을 촉진하고 지원한다. 초국적 기업들은 가난한 나라에서 일자리를 제공할지 모르지만, 동시에 값싼 노동력을 착취하고 현지 경쟁자들을 내쫓고 이윤을 근거지 국가로 도로 가져간다. 피터 디킨(Peter Dicken)의 주장대로 초국적 기업들은 동시에 국적 기업이며, 대부분 글로벌 기업이라고는 도저히 말할 수 없다.

자본주의는 거의 모든 곳에 도달한다는 의미에서 전 지구적이지만 아주 불균등한 방식으로 도달한다. 세계에서 너무도 불균등하게 퍼져나가는 돈과 투자의 흐름을 '전 지구적' 확산이라고 말하는 것은 여러 면에서 실상을 호도하는 것이다. '전 지구적 자본주의'와 '전 지구적 경제'처럼 흔히 쓰는 용어들은 엄청난 불평등과 국가 단위 및 국가 정부가 여전히 중요하다는 사실을 가린다.

자본주의의 전 지구적 지배

그렇지만 자본주의가 대안 체제들을 제거하며 지구화되었다는 데에는 의문의 여지가 거의 없다.

1989년, 세계에서 자본주의의 주요 대안이었던 국가사회주의가 무너지기 시작했다. 미하일 고르바초프(Mikhail

Gorbachev)는 소비에트 연방의 '재건과 개방'에 착수하는 한편, 동유럽 위성국들에 대한 고삐를 늦추기 시작했다. 그전까지 소비에트 경제는 중앙의 경제 계획과 관료제를 통한 경제 지시, 아울러 주변부에서만 영업을 하는 시장을 기반으로 운용되었다. 소비에트 경제는 그 비효율성과 낮은 생산성, 전반적으로 저조한 경제 성과, 환경오염 탓에 혹평을 받았고, 자본주의의 우월성을 입증하는 살아 있는 증거로 보였다. 소련의 산업화와 실질적인 경제성장, 완전고용과 낮은 인플레이션 유지, 교육과 보건 제공 같은 성과는 오늘날 대체로 잊혔다. 그렇지만 많은 러시아인들은 지난날 소련이 제공했던 안정성과 안전을 여전히 기억하고 있다.

소련이 붕괴한 이유는 대체로 서구의 더 역동적인 자본주의 경제와 경쟁할 수 없었기 때문이다. 러시아와 동유럽에서는 사람들의 기대치가 높아지고 있었는데, 통신이 확대되는 세계에서 서구의 개인주의적 소비문화를 차단하기란 불가능했기 때문이다. 국가사회주의의 제약을 받으며 운용되는 경제는 그런 기대치를 충족할 수 없었거나, 적어도 군비 생산에 너무 많은 자원을 쏟아붓는 한 그럴 수 없었다. 소련은 냉전 구도의 부담을 계속 짊어질 수 없었을 것이다. 그리고 로널드 레이건(Ronald Reagan)이 추진한 '스타워즈' 프로그램이 소련에 결정타였을 텐데, 이 프로그램으로 인해 초강대국 간 군사-산업 경쟁이 급격히 고조되었기 때문이다.

고르바초프는 점진적 개혁 프로그램을 도입하려 했지만, 명령에서 시장경제로의 점진적 이행은 이루어지지 않았다. 국가가 지시를 멈추자 경제가 마비되었으며, 보리스 옐친(Boris Yeltsin) 대통령 임기에 러시아를 자본주의로 급작스레 이행시키려는 시도가 이루어졌다. 옐친 정부는 경제에 '충격요법'을 처방해 1991년 가격에 대한 국가 통제를 해제했고, 1994년 말까지 중간 규모와 큰 규모의 러시아 기업들 중 4분의 3을 민영화했다. 그 결과는 대다수 보통사람들에게 재앙이었다. 존 그레이(John Gray)의 서술에 따르면, 1991년부터 1996년까지 소비자 가격이 1700배 뛰고 약 4500만 명이 빈곤층으로 전락했다.

국가사회주의가 붕괴해 주요 대안 모델이 사라지는 동안, 개발도상 사회들은 국제 금융기구들의 압력 탓에 지배적인 미국 자본주의 모델에 순응할 수밖에 없었다. 핵심 기구는 미국이 지배하는 세계은행과 국제통화기금(IMF)이었다. 두 기구 모두 2차대전 동안 브레턴우즈 회의(전후 고정환율제를 결정한 회의)에서 창설되었다. 세계은행의 역할은 국가들의 전후 재건과 개발을 지원하는 것이었고, IMF의 임무는 국제 경제의 안정을 유지하는 것이었다. 서로 기능이 다르긴 했지만 1980년대에 두 기구는 미국을 비롯한 주요 산업사회들을 장

악해가는 자유시장 이데올로기와 정책을 홍보하기 시작했다. 다른 국제기구들처럼 두 기구도 가장 강력한 회원국들에 의해 지배되었다.

두 기구는 서로 연관된 세 가지 핵심 정책을 주창했다. 첫째 정책은 낭비되는 정부 지출을 줄이고 인플레이션을 불러오는 느슨한 통화 정책을 바로잡기 위한 긴축재정이었다. 둘째 정책은 비효율적인 공기업을 제거하고 시장 규율을 도입하고 역시 정부 지출을 줄이기 위한 민영화였다. 셋째 정책은 1995년 설립된 세계무역기구(WTO)의 지원을 받아 무역 장벽을 없애고 시장의 작용에 대한 정부의 개입을 끝내는 자유화였다. 이 정책들은 '조건부'로 시행되었다. 세계은행과 IMF는 세 정책을 추구한다는 조건으로 융자를 해주었다. 개발도상 사회들은 융자에 크게 의존했으므로 이들 정책이 아무리 부적절할지라도 저항할 만한 처지가 아니었다. 실제로 이 정책들은 선진 사회들보다 개발도상 사회들에서 한층 엄격하게 시행되었다. 미국, 유럽, 일본은 모두 자국 농업을 힘껏 보호하고 보조금 지급으로 지원했다.

1997년부터 2000년까지 세계은행에서 고위직을 지낸 조지프 스티글리츠(Joseph Stiglitz)는 이 정책들, 특히 IMF가 시행한 정책들을 통렬하게 비판하는 글을 썼다. 그는 일부 환경에서 혜택을 가져올 수 있는 이 정책들 자체가 아니라 무분별하고 지나치게 서두르는 시행 방식에 반대했다. 부적절한 상황에서 긴축은 정부 지출에 의존하는 귀중한 프로젝트를 망치고 대량 해고를 초래할 수 있었고, 민영화는 공공 자산 강탈과 소비자 가격 상승으로 이어질 수 있었다. 자유화, 특히 금융시장의 자유화는 외국 자본이 침입하도록 문을 열어주는 꼴이 될 수 있었다. 실제로 스티글리츠는 이 점에서 IMF가 추진한 정책들이 대개 월스트리트의 금융 이해관계와 연관되어 있었음을 시사한다.

이 정책들은 마치 대안이 없다는 듯이 시행되었다. 스티글리츠는 러시아의 경험과 중국의 경험을 대비한다. 러시아는 IMF의 조언에 따라 '충격요법'을 택했다가 대규모 빈곤을 초래한 반면, 중국은 점진적 이행이라는 정반대 전략을 택해 "그토록 단기간에 역사상 최대 규모의 빈곤 감소를 이루어냈다". 중국이 거둔 성공의 비밀은 오랜 제도를 파괴하는 대신에 새로운 자본주의 기업들이 기존 사회질서 안에서 발전하도록 허용했다는 것이다. 중국은 대규모 민영화라는 실수를 저지르지 않았고, 오히려 우연찮게도 스티글리츠의 조언대로 민간 부문이 출현하고 번영할 여건을 조성했다.

물론 이것은 단순히 올바른 정책을 고르는 문제가 아니었다. 더 강한 경제와 국가를 가진 중국의 더 유능한 엘리트들은 해체중인 소련의 무력화된 통치자들과 비교해 자본주의로의 이행을 자기들 구상대로 추진하고 통제하기에 훨씬 더 나은 입장에 있었다. 여하튼 중국 모델의 앞날에도 충격과 갈등이 기다리고 있을지 모른다. 중국은 공산주의에서 자본주의로의 경제적 이행을 성공적으로 해내고 있는 듯하지만, 정치적 이행은 이루어지지 않는 상황에서 불만을 표출할 통로가 거의 없는 혼란스러운 프롤레타리아트를 만들어내는 중인지도 모른다.

국가사회주의라는 대안이 무너지자, 자본주의는 생존 가능한 유일한 경제 체제로서 전 세계를 지배하게 되었다. 자본주의가 국가사회주의보다 훨씬 더 많은 양의 재화와 서비스를 산출하고 훨씬 더 많은 선택지를 주었다는 것은 의심할 나위가 없다. 그렇다고 해서 경제적 성공에 이르는 경로가 단 하나뿐인 것은 아니다. 자본주의에 다다르는 경로가 여럿이거니와 앞 장에서 봤듯이 자본주의를 조직하는 방법도 여럿이기 때문이다. 자본주의의 대안들이 제거되었다는 사실과 자본주의 내부의 대안들이 없다는 주장을 혼동해서는 안 된다.

전 지구적 자본주의의 신화들

'전 지구적 자본주의'는 근래에 자본주의의 제도와 관행이 세계의 새로운 지역들로 확산되었고 서로 멀리 떨어진 지역들을 새로운 방식으로 긴밀하게 연결했다는 생각을 나타내는 간략한 표현이다. 이런 일이 일어났고 그 결과로 우리가 사는 세상이 심대하게 변형되었다는 사실에는 의문의 여지가 없다. 자본주의는 전 세계를 지배하는 체제이고 예측 가능한 미래에도 계속 지배할 것이다.

그렇지만 이 장에서 살펴본 대로 전 지구적 자본주의라는 개념은 강력하고 실상을 호도하는 신화들을 낳기도 했다. **첫째 신화**는 전 지구적 자본주의가 근래에 생겨났다는 것으로, 사실 전 지구적 자본주의는 오랜 역사적 뿌리를 갖고 있다. **둘째 신화**는 자본이 전 지구적으로 유통된다는 것으로, 사실 대부분의 자본은 소수의 부유한 나라들 사이를 오간다. **셋째 신화**는 오늘날 자본주의가 국가 차원에서 조직되기보다 전 지구적 차원에서 조직된다는 것으로, 실은 국가 간 차이가 여전히 중요하거니와 초국적 기업의 활동에서 민족국가가 계속 핵심적인 역할을 하고 있다. **넷째 신화**는 전 지구적 자본주의가 세계를 통합한다는 것으로, 실은 자본주의가 지구화될수록 세계는 부의 불평등 때문에 더 분열되어왔다.

제 6 장

위기?
무슨 위기?

경제 위기의 한가운데서 살아가는 오늘날 사람들은 세계가 무너진다고 느낄 법하다. 자본주의 체제 전체가 끝나간다고 느낄지도 모른다. 그렇지만 자본주의의 위기는 예외적인 사건이 아니라 자본주의 사회의 기능 중 정상적인 부분이다. 자본주의의 위기는 19세기에 경제생활의 일정한 특징이 되었으며, 오늘날 익숙한 위기 메커니즘은 그전부터 나타났다. 이 장에서는 우선 17세기 네덜란드의 '튤립 광기'부터 살펴보자. 이 사건은 최근 주식시장 버블에서 작동한 것과 기본적으로 동일한 위기 메커니즘을 드러낸다.

17세기 암스테르담의 튤립 버블

16세기에 오스만 제국에서 들여온 튤립은 17세기 네덜란드에서 특히 더 이국적이고 더 희귀한 품종일수록 귀한 상품이 되었다. 네덜란드의 비옥한 충적토에서 튤립 재배가 퍼져나갔음에도 공급이 달리고 수요가 많았던 터라 튤립 가격이 급등했다. 투자 금액이 적고 돈을 쉽게 벌 수 있는 튤립의 높은 수익성에 이끌려 많은 이들이 튤립 거래에 뛰어들었다.

튤립 구근(球根) 수요가 많은 상황에서 구근 거래는 빠르게 변화했다. 처음에 구근은 대량으로, 때로는 화단째 팔렸지만, 수요가 늘면서 더 작은 단위로 팔리다가 특히 가장 귀한 변종들은 구근 낱개로 매매되기에 이르렀다. 그후 구근에서 파생된 시장, 즉 미래의 구근이 자라날 수 있는 비늘줄기를 매매하는 시장이 발달했다. 마지막으로 1630년대에 튤립 거래는 1636~1637년 '튤립 광기'로 귀결된 튤립 선물(先物) 시장을 낳았다.

어떻게 이런 일이 일어났을까? 처음에는 연중에 거래할 수 있는 기간이 짧았다. 꽃을 피운 구근을 뽑은 다음 몇 달 동안만 거래가 이루어졌다. 그러자 매매인들은 증가하는 수요를 맞추기 위해 아직 땅속에 있는 튤립을 사고팔기 시작했다. 이제 그들은 사실상 튤립 구근 선물을 매매하고 있었다. 그들은 구입한 튤립의 정보와 뽑을 시기를 약속어음에 상세히 적었고, 땅에 표지판을 세워 소유자를 표시했다. 여기서 조금만 더 나아가면 구근이 아닌 어음을 매매하는 단계였는데, 구근 가격이 급등하면서 어음 자체의 가치가 높아지고 있었기 때문이다.

튤립 선물 거래는 구근에 대한 수요가 아니라 선물 '증서'에 대한 수요가 가격을 밀어올리는, 터무니없이 투기적인 버블이 되었다. 선물은 소액 계약금만 내고 구매했으므로 잔금을 치러야 하는 지급 기일 이전에 계약서를 다른 사람에게 이익을 남기고 팔아넘기는 방법으로 큰돈을 벌 수 있었다. 계약 날짜가 다가올수록 거래는 더 미친듯이 진행되고 계약서는 더 빠르게 양도되었다. 결국 아무도 구매할 생각이 없는 정도까지 가격이 치솟았다가 돌연 폭락했다. 가격이 한창 올랐을 때 투기적으로 거래했던 지극히 평범한 튤립 대부분에 대한 실제 수요는 없었다. 아무도 그런 구근을 실제로 원하지 않았으므로 선물 구매권은 가치가 없었으며, 결국 튤립 시장은 바닥을 모르고 무너져내렸다.

선물 거래는 이 버블 인플레이션의 핵심 메커니즘이었고 이 시기에 이미 상업자본주의에 자리잡은 관행이었지만, 흥미롭게도 튤립 선물 거래의 주역들은 상인이 아니었다. 일부 상인들이 관여하긴 했지만, 독점 사업을 통해 비교적 위험 없이 돈을 버느라 바빴던 대상인들은 튤립 거래에 거리를 두었던 것으로 보인다. 튤립 버블은 직조공, 벽돌공, 목공, 제화공 같은 보통사람들이 관여하면서 부풀어올랐다. 그들은 모아 둔 돈에 더해 돈을 빌리고 자산을 저당잡혀서 자금을 조달하거나, 현물로 튤립 값을 치렀다. 사이먼 샤마(Simon Schama)는 희귀한 구근 단 한 개를 "밀 2라스트(last: 중량 단위, 약 1800킬로그램—옮긴이), 호밀 4라스트, 살진 수소 4마리, 돼지 8마리, 양 12마리, 와인 2옥스호프트(okshoofd: 액량 단위, 232리터—옮긴이), 버터 4톤, 치즈 1000파운드, 침대 하나, 약간의 옷가지와 은으로 만든 잔 하나"로 구매한 사례를 제시한다.

암스테르담 증권거래소에서 다른 투기적 활동이 숱하게 이루어졌지만, 튤립 구근과 계약서 거래는 이곳이 아니라 매매자 '단체'가 만나는 선술집에서 이루어졌다. 이 단체는 비밀 절차, 거래 의식, 축하 행사를 개발했는데, 이를테면 증권거래소 활동의 빈민 버전이었다. 지금처럼 이 시절에도 투기적 자본주의는 노련한 금융업자들의 독무대가 아니었다.

19세기의 위기들

튤립 버블이 터지자 관련자들은 심각한 피해를 입었지만, 경제 전체는 중대한 영향을 받지 않았다. 이 무렵에는 경제 활동들이 충분히 통합되어 있지 않았던 터라 한 영역에서의 위기가 경제 전반으로 퍼져나가지는 않았다. 자본주의적 생산이 성장하면서 비로소 경제 전반의 위기를 불러올 만한 연계들이 형성되었다. 더 나아가 자본주의적 생산은 마르크스가 분석한 새로운 위기 메커니즘들을 낳았다.

마르크스는 자본주의가 생산과 소비를 분리하는 까닭에 위기에 처하기 쉽다고 지적했다. 자본주의 이전 사회에서는 생산과 소비의 관계가 밀접했다. 대부분의 생산이 거의 직접 소비를 위해 이루어졌기 때문이다. 반면에 자본주의 사회에서는 재화가 갈수록 시장에서 판매하기 위해 생산되었고, 생산과 소비의 관계가 멀어졌다. 사람들은 판매할 수 있기를 기대하며 재화를 생산했지만, 시장이 재화를 흡수하지 못할 수도 있었다. 마르크스가 자본주의를 가리켜 무정부적이라고 말한 이유는 생산이 더이상 생산물을 소비하는 사람들의 필요에 의해 직접 규제되지 않기 때문이었다.

과잉생산 경향은 사실 자본주의적 생산에 내재하는 경향이었다. 서로 경쟁하는 생산자들은 생산을 확대해야 한다는 압력을 받았는데, 더 많은 양을 생산하면 비용을 줄이고 가격을 낮추고 시장 지분을 늘릴 수 있었기 때문이다. 그렇지만 생산한 상품의 양이 수요를 초과하면 과잉생산 위기가 닥쳐 가격이 결국 이윤을 낼 수 있는 수준 아래로 떨어지곤 했다. 이런 사태가 발생하면 관련 산업에 손해였을 뿐 아니라 그 파급 효과로 위기가 퍼져나가기도 했다. 예컨대 투자가 감소해 기계류를 생산하는 산업들이 타격을 받곤 했다. 또 노동자들이 해고되거나 임금이 깎여 소비 수요가 더욱 감소하곤 했다. 이런 식으로 과잉생산은 폐업과 파산, 높은 실업률로 이어지는 악순환을 낳았다.

대량 실업은 사회 위기로 귀결되었다. 자본주의 경제에서 사람들은 완전히 새로운 방식으로 임금노동에 의존해 살고 있었기 때문이다. 그런 위기는 19세기 전반기 동안 대략 10년에 한 번꼴로 일어났다.

실업이 엄청난 고통을 초래하고 일부 자본가들을 망하게 만들긴 했지만, 이런 위기들이 자본주의를 파괴했던 것은 아니다. 오히려 마르크스는 위기가 발생해야 자본주의가 지속 가능하다고 주장했다. 폐업과 파업이 속출하는 위기가 닥쳐야 생산량이 수요량에 더 가까운 수준으로 감소해 과잉생산의 중압이 사라지고, 가장 비효율적인 생산자들이 퇴출당하고, 선순환이 새롭게 시작될 수 있었기 때문이다. 이와 비슷하게 더 낮은 임금은 수익성을 높였고, 더 싼 가격은 수요를 자극했다. 더 낮은 이자율은 투자금을 더 저렴하게 빌릴 수 있게 해주었다. 그리하여 다시 생산이 확대되기 시작하고, 고용률이 올라가고, 상품을 구입할 돈을 가진 사람들이 늘어날 수 있었다.

그러므로 자본주의는 위기를 통해 제 길을 넓히는 셈이었지만, 마르크스가 『공산당 선언』에서 주장한 대로라면 이 확장은 "더 폭넓고 더 파괴적인 위기들"로 이어질 뿐이었다. 그렇다고 해서 마르크스가 어떤 거대한 경제 붕괴로 인해 자본주의가 끝나리라 생각했던 것은 아니다. 마르크스는 자본주의에 착취당하는 노동자들이 자본주의를 전복하는 경우에만 자본주의가 끝날 것이라 전망했다. 그렇지만 자본주의의 발전에 내재하는 특정한 경향들이 최후의 전복을 촉진할 터였다. 기술이 발전하고 소유권이 집중되면서 생산 단위의 크기가 커지는 한편, 노동자들이 더 큰 규모로 집중되어 더 쉽게 조직될 터였다. 이 모든 과정에서 위기는 경험을 통해 노동자들을 급진화함으로써 분명 일익을 담당할 것이었다. 또한 자본의 이윤을 누리며 점점 소수가 되어가는 부유한 자본가 집단과 가난한 대중 사이에서 갈수록 벌어지는 빈부 격차도 노동자들을 급진화할 것이었다.

소유권은 더 집중되었고, 생산 단위는 더 커졌으며, 노동자들은 더 조직되었다. 그러나 노동계급이 갈수록 급진화되어 결국 혁명적 세력이 되리라는 마르크스의 예측은 입증되지 않았다. 일자리에 의존해 살아가는 경제적 종속 상태와 자본주의 체제를 전복하려는 혁명운동에 대한 탄압 때문에 노동자들은 자본주의를 받아들일 수밖에 없었다. 노동자들은 자기네 조직을 통해 자본주의 사회의 정치구조에 통합되었고, 자본주의가 차고 넘치게 생산해 제공하는 상품과 서비스에 매료되었다. 여하튼 1930년대까지 자본주의 경제 체제를 위협할 만한 규모의 위기는 없었다.

1930년대 대공황

도중에 위기가 없진 않았지만 19세기 중반부터 1차대전 전까지 세계 경제는 꽤 안정적으로 성장했고, 1920년대 들어 다시 성장하는 듯 보였다. 하지만 전후 세계 경제는 취약한 상태였다. 세계 경제를 안정시키는 런던 금융가의 지배력은 이제 옛일이 되었다. 1920년대 동안 국제 경제관계는 무질서하고 불안정했다. 더욱이 전쟁과 그 여파로 독일을 비롯해 많은 나라들이 막대한 채무를 진데다 경제가 허약해진 탓에 채무 원금과 이자를 갚기 어려웠다. 이런 배경에서 1930년대의 대공황, 에릭 홉스봄(Eric Hobsbawm)이 "자본주의 세계 경제의 붕괴에 아주 가까운 무언가"라고 표현했을 정도로 깊고도 폭넓은 공황이 발생했다.

급작스러운 공황의 시작을 알린 사건은 1929년 뉴욕 월스트리트 주식시장의 폭락이었다. 뉴욕 주가는 1929년 10월에 곤두박질친 뒤로도 쭉 떨어지다가 1932년 6월에야 바닥을 쳤다. 그동안 주식 가치는 1929년 9월의 고점과 비교해 80퍼센트 넘게 하락했다.

경기를 침체시키는 누적 메커니즘이 작동하기 시작했다. 산업세계 전반에서 생산이 감소하고 그 결과 실업률이 급증했다. 그러자 수요가 감소해 생산이 더욱 위축되었다. 미국에서는 1929~1931년 산업 생산량이 3분의 1이나 감소했고, 불황이 한창일 때 전체 노동자의 4분의 1 이상이 실업자 신세였다. 노동 전망이 얼마나 암울했던지 사람들은 자신의 노동력을 경매에 부쳐 최고가 입찰자에게 팔았다(그림 9 참조). 일자리를 잃은 노동자들은 주택 융자금의 이자를 갚지 못해 지역 은행들의 지불능력을 위태롭게 만들었다. 이제 그들은 소비재, 특히 자동차를 구입할 여력이 없었다. 미국의 자동차 생산량이 반토막 났고 더 많은 사람들이 실직했다. 이 무렵에는 국가 보조금이 적었던 까닭에 실업자가 오늘날 산업사회의 실업자보다 훨씬 모진 경험을 했을 뿐 아니라, 대량 해고가 발생하면 인구의 상당 부분이 구매력을 잃을 수 있었다.

농업 역시 심각한 불황이었다. 소비 수요가 감소하고 재고가 쌓이면서 농산물 가격이 하락했다. 예컨대 차와 밀 가격은 3분의 1, 견직물 가격은 4분의 1 수준으로 뚝 떨어졌다. 농민들은 생산을 늘려 소득을 유지하려고 헛되이 시도했으나 그 바람에 가격이 더 떨어졌다. 1930년대 하면 먼저 떠오르는 이

9. 1930년대 대공황 때 미국에서 최고가 입찰자에게 노동력을 경매로 파는 모습.

미지는 유럽과 미국에서 무료급식소 앞에 늘어서 있거나 기아 행진에 나서는 실업자들의 모습이다. 아르헨티나, 브라질, 쿠바, 또는 오스트레일리아와 뉴질랜드처럼 산업사회에 식품과 원료를 수출해 먹고살던 나라들의 경제도 엄청난 타격을 받았다.

1930년대는 세계 자본주의 경제의 취약성을 실증했다. 문제는 위기 발생 자체가 아니었다. 앞서 봤듯이 위기는 자본주의의 정상적인 메커니즘의 일부였기 때문이다. 그보다는 누적 메커니즘이 위기를 퍼뜨리고 심화시킴에 따라 세계 곳곳에서 자본주의 경제가 잇따라 주저앉은 것이 문제였다. 이 취약성의 주요 원인으로는 세 가지를 꼽을 수 있다.

첫째 원인은 19세기 동안 대폭 향상된 생산능력이었다. 이제 늘어난 생산량을 흡수하려면 수요량도 똑같이 대폭 늘어나야 했다. 이 조건은 공산품뿐 아니라 식품을 비롯한 농산물에도 적용되었다. 불충분한 수요는 과잉생산만이 아니라 박봉인 노동자들의 과소소비로도 해석되었다. 어느 쪽으로 해석하든, 생산 규모가 커지고 생산업 종사자 수가 늘어난다는 것은 곧 소비 수준이 생산 수준을 따라가지 못할 경우 소비자이기도 한 노동자들이 실직하는 가운데 경기가 급락할 수 있다는 뜻이었다.

둘째 원인은 세계 경제를 통합한 국제 분업이었다. 산업사회들은 공산품을 생산했고 나머지 세계는 식품과 원료 생산에 집중했다. 산업사회들에서 수요가 감소하면 이들 사회로 소고기, 커피, 설탕 등을 수출하는 1차 생산자들의 판매량, 가격, 소득이 감소했고, 1차 생산자들의 소득이 감소하면 공산품의 해외 시장이 침체되었다. 일부 역사가들은 공황이 1차 생산자 국가들에서 시작된 뒤 산업사회들로 옮겨갔다고 말하는 반면, 다른 역사가들은 순서가 반대였다고 주장한다. 하지만 공황이 어떤 순서로 발생했든 한쪽 국가 집단의 위기는 불가피하게 다른 국가 집단으로 옮겨갔고, 그후 서로 반향을 불러일으켰다. 전 지구적 경제 통합은 공황을 증폭시킨 또다른 메커니즘이었다.

셋째 원인은 국제 무역과 국가 보호 간 긴장관계였다. 최초의 산업국가인 영국은 자국 제품의 시장을 최대로 넓히고자 자유무역 정책을 장려했다. 다른 나라들은 산업화하는 동안 불가피하게 한층 보호주의적인 정책을 택했는데, 이제 막 생겨난 자국 산업이 정착할 때까지 보호할 필요성이 있었기 때문이다. 그후 국제 경쟁이 치열해지면서 국가의 보호를 요구하는 목소리가 더욱 높아졌다. 그럼에도 영국의 경제적 지배와 전 지구적 경제성장 덕에 1차대전 전까지는 자유무역이 유지되었다. 그러나 전후 국제 경제는, 어느 정도는 전쟁 때문에, 더이상 영국의 지배를 받지도 않았고 안정적인 경제성장을 특징으로 하지도 않았다.

국내 성장이 위기에 처했을 때 국가 경제를 대외 경쟁으로부터 보호하고픈 유혹은 떨쳐내기 어려운 것이었고, 어느 한 국가가 이런 조치를 취하고 나면 곧 다른 국가들이 그 뒤를 따랐다. 특히 1930년 미국이 자국 경제를 보호하고자 도입한 광범한 관세는 다른 국가들의 보복을 촉발했다. 게다가 19세기에 서로 경쟁하며 세계를 분할한 제국들은 산업사회에 자급자족이라는 환상과 경제 보호막으로 삼을 수 있는 기존 구조를 둘 다 제공했다. 그 결과 세계 무역이 갈수록 위축되어 공황이 악화되었다.

공황기에 이런 사태가 재발하는 것을 막기 위한 일군의 새로운 정책들이 고안되었다. 각국 정부는 공황에 대응해 지출을 줄이거나 세금을 인상하는 정책에 익숙해져 있었는데, 이는 경제 활동이 위축되어 세입이 감소할 때 재정 균형을 맞추기 위한 조치였다. 존 메이너드 케인스는 그런 정책이 상황을 악화시킬 뿐이라고 주장했다. 케인스에 따르면, 정부는 수요를 창출하거나, 차입을 통해 지출을 늘리거나, 세금을 인하하는 방법으로 공황 추세를 상쇄할 수 있었다. 이런 '케인스주의' 정책이 1930년대 후반에 몇몇 나라에 영향을 주기 시작했다. 그렇지만 세계 경제를 공황에서 끄집어낸 것은 무엇보다 2차대전기의 막대한 국가 지출이었다.

전후 호황에서 새로운 위기로

제2차세계대전 이후 25년 동안은 자본주의의 위기 경향을 정말로 극복한 것처럼 보였다. 각국 정부는 통제 불능 위기를 케인스주의 정책으로 예방하는 법을 알고 있다고 여겼다. 미국 정부의 막대한 지출은 전후에도 중단되지 않았는데, 미국이 새로운 전쟁, 즉 소련과의 냉전에 돌입했기 때문이다. 미국 정부의 지출은 해외 군사비뿐 아니라 냉전의 최전방에 해당하는 일본과 유럽의 경제를 계획적으로 되살리는 데에도 쓰였다. 또한 유리 가가린(Yuri Gagarin)을 우주로 보내는 데 성공한 소련에 대응해 미국 자체 프로그램에 돈을 쏟아부은 우주 경쟁에도 쓰였다. 이는 전간기의 고립주의적 보호주의와 딴판인 팽창적 동력이었다. 최대 경제국이 세계 곳곳으로 경제성장을 퍼뜨리고 있었다.

기술 발전으로 생산량이 대폭 증가했음에도 과잉생산 위기는 일어나지 않았다. 소비 수요 역시 꾸준히 증가했기 때문이다. 생산성이 올라간다는 것은 곧 상품 가격이 내려간다는 뜻이었고, 그런 이유로 상품을 생산하는 노동자들도 구입할 수 있을 만큼 상품 가격이 점점 내려갔다. 예를 들어 자동차 소유가 사회계층의 아래쪽으로 확산되었다. 또 생산성이 향상된 덕에 노동자들의 임금이 인상될 수 있었고, 완전고용이 이루어져 노동계급의 교섭력이 극대화되었다.

유념할 점은 이러한 성장이 상당 부분 다른 국가들의 희생을 바탕으로 이루어졌다는 것이다. 산업사회들의 풍요는 나머지 세계에서 들여오는 1차 생산물의 낮은 가격에 의존했다. 그중에서도 석유의 낮은 가격이 중요했다. 석유가 연료일 뿐 아니라 다양한 합성물질의 주성분이기도 했기 때문이다. 합성물질은 제3세계의 '천연' 생산물들을 대체하고 더 나아가 그것들의 가격까지 끌어내렸다. 예컨대 합성직물은 목화 수요를 감소시켰다. 공산품 가격과 1차 생산물 가격의 관계는 1차 생산자들에게 불리하게 변했다. 공산품 탓에 1970년경 그들은 1951년과 비교해 비용을 3분의 1만큼 더 들이고 있었다.

1970년대에 이 모든 것이 바뀌었다. 그전 20년간 성장을 가능하게 해주었던 '선'순환(이렇게 부를 수 있다면)이 '악'순환으로 돌아서면서 국제 경제의 호황이 갑작스레 멈추었다. 특히 석유를 비롯해 많은 1차 생산물의 가격이 오르는 한편, 산업생산 비용과 소매가격이 꾸준히 상승했다. 두 가지 변화 모두 수익에 타격을 주었고, 실질임금을 줄여 구매력 저하를 불러왔다. 비용 증가뿐 아니라 임금 인상도 수익에 타격을 주었다. 노동자들이 가격 상승에 대응해 생활수준을 유지하고자 임금을 올려달라고 요구했기 때문이다. 노동조합이 꾸준히 성장한 덕에 노동자들은 이렇게 압박을 가할 수 있었다.

이 위기는 1930년대의 위기와 성격이 크게 달랐다. 1930년대에는 수요가 급감했지만, 1970년대에는 너무 많은 수요가 가격과 임금을 끌어올렸다. 게다가 고정환율제가 붕괴된 뒤 변동환율제가 실시되자 인플레이션에 대한 통화 통제가 느슨해졌다. 이제는 정부들이 자국 통화의 가치를 지켜 환율을 유지해야 한다는 압박을 덜 받았기 때문이다.

국제 경쟁이 격화되면서 위기는 더욱 심화되었다. 독일과 일본은 2차대전 패배로 파탄났던 경제를 매우 효율적인 현대적 산업들로 복구해 생산에 뛰어들었다. 양국은 세계 자원에 더욱 압력을 가하는 한편, 새로운 과잉생산 위기를 야기했다.

특히 일본은 기존 산업사회들의 산업 수익성에 엄청난 타격을 입혔다. 일본 정부와 산업계가 새로운 산업을 창출하고 시장을 획득하는 것을 목표로 장기 정책을 추구하면서 아주 효과적으로 협력했거니와, 일본의 생산성이 훨씬 더 높았기 때문이다. 기존 산업사회들은 이 위기에 대처하는 과정에서 특정한 문제에 부딪혔다. 제3장에서 봤듯이 그들은 관리자본주의를 발전시키면서 시장 메커니즘을 제약하거나 대체했던 터라 신속한 경영합리화로 대응하기가 어려웠다. 효과적으로 대응하려면 1980년대에 정부가 경제를 재시장화할 때까지 기다려야 했다.

높아지는 불안정성

1970년대 이후 성장이 더 더디고 불안정성이 더 높은 세계가 출현했다. 20세기 마지막 25년 동안의 성장률은 그 이전 25년간 성장률의 절반이었다. 이 기간의 대부분 동안 여러 나라가 위기의 언저리에 있었으며, 지구화된 세계였던 만큼 한 나라에서 다른 나라로 위기가 쉽게 옮겨갈 수 있었다.

이는 산업과 치열해진 국제 경쟁을 퍼뜨리는 세계였다. 앞서 살펴봤듯이, 국제 경쟁의 격화는 이미 1970년대 동안 기존 산업사회들의 수익성을 낮추는 과정 중 하나였다. 수익성이 낮아지자 기업들은 다른 나라에서 더 저렴한 노동력을 찾아 수익을 회복하려 했고, 그 과정에서 산업 일자리가 세계의 새로운 지역들로, 특히 동아시아와 동남아시아로 퍼져나갔다. 중국이 산업화에 나서자, 세계 인구의 또다른 4분의 1이 자본주의 세계 경제에 편입되기 시작했다. 이 모든 과정은 국제 경쟁을 더욱 격화시켰다.

생산능력 향상과 기술 변화의 결과로 인해 늘어난 생산량은 수요량이 덩달아 증가하면 흡수될 수 있었지만, 전 세계 수요량은 상품 공급량과 같은 속도로 증가하지는 않았다. 결국 새로운 생산 중심지들이 등장한 한 가지 이유는 값싼 노동력을 이용할 수 있었다는 데 있으며, 낮은 임금은 소비 수요를 많이 창출하지 않았다. 선진국들의 소비 수요 역시 흔들리고 있었다. 선진국 기업들은 새로이 산업화중인 국가들의 저렴한 수출품과 적어도 경쟁이라도 해보기 위해 임금 비용을 줄였다. 기존 산업사회들에서는 탈산업화가 계속되어 노동자들이 제조업의 '좋은 일자리'에서 박봉인 서비스업으로 이동했다. 국가의 보호를 받던 공무원들은 민영화로 인해 엄혹한 공개 노동시장에 노출되었다. 실업률이 상승해 소비 수요는 더욱 줄었다. 상황이 이러했으니 동북아시아에서 쏟아져들어오는 생산품을 어떻게 흡수할 수 있었겠는가?

사람들은 빚을 늘려 소비 수준을 유지했다. 오래전부터 할부 구매가 특히 고가품, 그중에서도 자동차 구입비를 확보하기 위한 차용 방법으로 존재하긴 했지만, 신용카드가 발명되고 널리 쓰이면서 차용은 모든 상품과 서비스의 값을 치르는 **표준** 방법이 되었다. 예컨대 담보대출을 통해 주택을 구입하는 것이 거주지를 마련하는 표준 방법이 되었다. 물론 담보대출은 주택 이외에 다른 온갖 상품의 구매 자금을 공급하는 방법으로도 쓰일 수 있었다. 1990년대 금융서비스에 대한 '빅뱅' 규제 완화는 은행들(그리고 주택금융조합들)의 대출 경쟁을 자극했고, 그 바람에 부채가 더욱 많이 발생했다.

실제로 1990년대 미국에서 주택 소유자들은 일반 소비를 위해 '2차 담보대출'을 받으라는 권유를 받았다. 라구람 라잔(Raghuram Rajan)에 따르면, 이는 미국에서 심화되는 소득 불평등에 대한 대응이었다. 미국 정부는 사회에서 낙오되는 유권자들의 소득을 늘려주는 방법으로 그들을 기쁘게 해줄 수 없었고, 그래서 그 보상으로 높은 소비 수준을 유지할 수 있도록 그들에게 쉬운 대부를 제공했다는 것이다. 미국 정부는 국민들에게 2차 담보대출을 권유하고 금리를 낮게 유지하라고 금융기관들을 다그쳤다.

동양의 생산 국가들에서 서양의 소비 국가들로 향하는 통화의 흐름(전자는 수출로 벌어들이는 돈으로 무언가를 해야 했다) 역시 금리를 낮게 유지하는 데 일조했다. 이 방법으로 적어도 당분간은 생산과 소비의 간극을 좁힐 수 있었지만, 그 대가로 부채 수준이 올라갔으며, 이는 경제 불안정성의 또다른 근원이 되었다.

자본가들이 낮아지는 생산 수익성에 대응한 한 가지 방법이 국외의 값싼 노동력을 찾는 것이었다면, 다른 방법은 조반니 아리기(Giovanni Arrighi)의 주장대로 생산에 대한 투자에서 주식, 통화, 파생상품에 대한 투자로 자본을 옮기는 것이었다. 자본가들은 힘들고 불확실한 경제 환경에서 상품과 서비스 생산으로 수익을 내려고 애쓰느니 이런 금융상품들을 투기적으로 거래하는 방법으로 돈을 더 쉽게 벌 수 있었다.

분명 이 방법으로 돈을 벌 새로운 기회가 엄청나게 많았다. 제5장의 '전 지구적 통화' 절에서 개관한 대로, 변동환율제가 도입되고 통화 이동의 국경이 제거된데다 금융 규제가 완화된 결과, 투기적 활동을 할 길이 열렸다. 1980년 이래 엄청난 통화 흐름이 금융 활동으로 향했으며, 이 과정에는 '자본의 금융화'라는 딱지가 붙었다. 이 과정의 한 가지 징후는 은행들의 경제적 비중이 커졌다는 것이다. 지난 1960년 영국 어음교환소 가맹은행들의 대차대조표 총액은 80억 파운드로 GDP의 약 38퍼센트였지만, 2010년에는 무려 GDP의 450퍼센트인 6조 4000억 파운드였다. 요컨대, 2010년 영국 은행들의 대차대조표 총액은 생산경제 규모의 4~5배 규모였다. 마이클 허드슨(Michael Hudson)이 말한 '대차대조표상 부'가 생산 투자를 통한 부의 창출을 대체하고 있었다.

국제 경쟁의 격화, 부채 증가, 규제 완화, 자본의 금융화는 안정을 깨뜨리는 갖가지 힘들을 낳았다. 이 추세는 2007년 시작된 위기로 이어졌다.

2007~2008년 위기와 '대침체'

이 위기의 직접적인 원인은 미국에서, 아울러 영국을 포함해 다른 여러 나라에서도 일어난 주택 시장 버블 붕괴에 있었다. 가격이 끝없이 오르는 듯한 주택은 구매자들에게나 이들에게 대출을 해주는 기관들에게나 안전한 투자 상품으로 보였다. 은행들은 수수료 지급과 상여금으로 영업사원을 독려하는 등 대출을 놓고 공격적으로 경쟁했다. 미국 은행들은 자국에서 흔한 관행, 즉 초기에 매우 낮은 이자율로 대출을 제공하는 관행으로 차입자들을 유혹했다. 그리고 신용등급이 낮은 이른바 '비우량'(sub-prime) 차입자들에게도 점점 더 돈을 빌려주었다. 이렇게 은행들이 대출에 열을 올린 것은 단지 담보대출업으로 돈을 벌 수 있기 때문만은 아니었다. 이에 더해 대출금을 금융상품으로 '증권화'한 뒤 겉보기에 안전하고 수익성 있는 투자 방법을 찾는 다른 금융기관들에 판매할 수 있었기 때문이다. 그에 앞서 금융공학은 주택 대출금을 사고팔 수 있는 금융상품으로 바꾸어놓았다.

주택 가격이 한없이 오를 수는 없었으므로 주택 시장 버블이 결국 터진 것은 별반 놀랄 일이 아니었다. 그렇지만 버블 붕괴가 자본주의의 전면적인 위기로 치달으리라 예상한 사람은 거의 없었다. 왜 이런 일이 일어났을까?

많은 '비우량' 차입자들은 이자를 지불할 형편이 아니었음에도 주택 가격이 오르면 팔아버릴 셈으로 대출을 받은 터였다. 주택 가격이 떨어지기 시작하자 주택 대출을 제공했거나 대출 채권을 투자 목적으로 매입했던 금융기관들은 돈을 상환받을 수 없었다. 하지만 이 상황을 위기로 바꾼 진짜 원인은 이 기관들의 엄청난 채무였다. 그들은 대출을 제공하거나 증권화된 대출 채권을 매입하기 위해 대개 외국에서 거액을 빌렸다. 미국 투자은행 리먼브라더스(Lehman Brothers)의 차입금은 자기자본의 40배를 넘는 규모였다.

은행들은 이런 '레버리지'〔leverage: 타인자본을 빌려서('지렛대' 삼아) 투자해 자기자본의 수익률을 높이는 방법—옮긴이〕 투자로 상당한 이윤을 내고 주가를 끌어올렸지만, 상황이 얼마나 위험한지 깨닫지 못했다. 은행들은 스스로 안전하다고 판단했다. 채무 불이행의 위험성을 제거한다는 정교한 신식 금융기법을 사용했기 때문이다. 그렇지만 이런 기법은 은행의 고위 경영자들에게 제대로 이해되지 않았고, 달성 가능한 것보다 훨씬 많은 것을 약속했다. 바위처럼 단단해 보이던 미국 금융기관들—뉴욕 투자은행인 베어스턴스(Bear Stearns), 메릴린치(Merrill Lynch), 리먼브라더스, 주택담보대출 기업인 패니메이(Fannie Mae)와 프레디맥(Freddie Mac), 세계적인 거대 보험사 AIG—이 지급능력을 넘는 엄청난 채무를 지고 있다가 파산에 직면했다.

이후 위기가 퍼져나갔다. 유명 기업들을 줄줄이 구제하던 미국 정부는 2008년 9월 리먼브라더스가 파산하도록 방치했다. 그러자 전 세계 금융업계가 패닉에 빠졌다. 어떤 나라의 어떤 은행인들 안전했을까? 대출금을 상환받지 못할 것을 우려한 은행들은 서로에게 정상적인 방법으로 대출해주는 데 매우 주저하게 되었고, 그 결과 은행 간 대출 금리가 올라갔다. 막대한 부채를 진 은행들은 자기자본을 복구하려 필사적으로 애썼다. 자본은 이제 비축되고 있었다.

이 위기는 더이상 은행들만의 위기가 아니었다. 이 위기는 경제 전체로 퍼져나갔는데, 자본이 비축되면서 금융체계가 얼어붙었기 때문이다. 빌려줄 돈을 가진 측과 자금을 필요로 하는 측 사이에 통화가 이동해야 정상적인 경제 활동이 원만하게 이루어지건만, '신용경색'으로 통화 이동이 서서히 멈추었다. 나날의 경제 활동에 자금을 대기 위해 돈을 빌려야 하는 평범한 기업들은 갑자기 대출을 받기가 아주 어려워졌다. 각국 정부는 금리를 낮추고 은행 대출을 재개하고자 필사적으로 애썼다.

금융 동결은 '대침체'라는 누적적 디플레이션 과정을 촉발했다. 파산, 실업률 상승, 임금 인하, 매출과 물가 하락이 상호작용하며 경제 활동의 침체를 불러왔다. 미래를 우려한 사람들은 더 저축하고 덜 지출하기 시작해 수요량을 끌어내렸다. 생산자들은 지출을 줄이고 점차 투자를 멈추었다. 1930년대 대공황이 되풀이될 조짐이 보였다. 경제 대국 중국과 인도가 비록 더 느리게나마 계속 성장하긴 했지만, 디플레이션이 전 세계로 확산될지 모른다는 우려가 일었다.

이제 위기의 또다른 단계가 전개되었다. 각국 정부가 위기의 결과에 대처하기 위해 더 많이 지출해야 할 시점에 하필이면 세입이 줄어들었다. 정부에 거액을 빌려주던 은행들은 정부가 원금 상환은 고사하고 이자조차 지불하지 못할 가능성, 그리고 채무를 이행하지 못할 가능성을 우려했다. 신용도를 평가하는 기관들은 재무 상태가 부실한 정부들의 신용등급을 낮추었으며, 정부에 대출해주는 은행들은 증대한 위험을 상쇄하기 위해 이자율을 올렸다. 이로써 정부들의 재정 상태는 더욱 악화되었다.

이 악순환에 따라 먼저 그리스가, 뒤이어 아일랜드, 포르투갈, 에스파냐를 비롯한 다른 유럽 국가들이 절박하게 지출을 줄이다가 결국 디플레이션의 늪에 더 깊이 빠지고 말았다. 이들 국가의 상황은 유로존 회원국이었던 탓에 더 악화되었다. 유로존이 그들의 행동 자유를 엄격히 제한하고 경제 문제를 완화하기 위해 자국 통화를 평가 절하하는 조치를 막았기 때문이다. 하지만 이는 재정이 취약한 유로존 국가들만의 문제가 아니었다. 위기 이후 조마조마한 여론 분위기에 정부들은 일반적으로 부채와 적자를 우려했고, 국가 지출을 삭감하지 않을 경우 유로존 국가들과 똑같은 과정을 겪을지 모른다고 걱정했다.

우리는 회복되고 있는가?

이 위기는 1930년대 이래 가장 심각한 위기였다. 정부들은 어떻게 대응했던가? 세계는 위기에서 회복되고 있는가?

이 위기는 은행 체계의 완전 붕괴와 장기 침체를 우려한 정부들의 강력한 대응을 이끌어냈다. 영국 정부의 대응은 망해가는 은행들을 국유화하는 가장 직접적인 형태로 나타났다. 자산 가치의 125퍼센트까지 무분별하게 대출했던 영국 노던록(Northern Rock) 은행은 주가 폭락을 겪은 뒤 일찍이 2008년 2월에 국유화되었다. 사업을 공격적으로 확장해 세계 최대 은행 중 하나가 되었던 스코틀랜드 왕립은행(Royal Bank of Scotland)은 2008년 10월 파산 직전까지 갔다가 공적 자금을 연이어 투입받아 2009년 2월까지 84퍼센트 국유화되었다. 그렇지만 이런 사건들이 자본주의 재시장화 과정의 반전을 의미한다고 여겨서는 안 된다. 이런 식의 국유화는 일시적이었기 때문이다. 2012년 1월 노던록 은행은 버진머니(Virgin Money)에 매각되었다. 스코틀랜드 왕립은행은 수년 내에 다시 민영화될 것으로 예측된다〔2019년 현재까지 민영화되지 않았으며 여전히 영국 정부가 대주주다—옮긴이〕.

이런 위기의 재발을 막기 위해 개혁에 나서라는 요구가 많았다. 은행들이 '너무 커서 망하게 놔둘 수 없다'면, 쪼개야 하지 않을까? 예로부터 소매은행업과 투자은행업을 분리해온 규제를 1980/1990년대에 폐지한 것이 2007~2008년 금융 위기의 주요 원인 중 하나로 꼽혔다. 이 두 가지 기능을 다시 분리해야 하지 않을까? 이 쟁점을 둘러싼 논쟁은 진행중이며, 일부 정치인들이 강경한 입장을 취하긴 했으나 이제까지 실질적인 변화는 거의 없었다. 금융업계는 규제에 저항하고 있고, 두 기능을 분리하려는 어떠한 시도든 은행들이 일자리 및 세입과 함께 다른 나라로 쉽게 이동할 수 있다는 주장에 부딪힌다. 은행업을 유치하고 묶어두려는 국제 경쟁 때문에 실효성 있는 규제는 사실상 불가능하다.

제프리 잉햄은 이렇게 말했다.

> 은행업과 금융자산 거래에 대한 규제의 최종 범위가 어떠하든, 역사는 그 규제의 장기 효과가 거의 없을 것임을 말해준다. 자본주의 권력의 정점에 있는 금융자본은 통제를 피하고 기존 규제를 벗어날 새로운 금융 수단과 관행을 개발하는 데 능하다는 것을 입증해왔다. 현재 위기의 잠복기에도 그랬다.

여기에 더해, 월스트리트 거래의 태반을 차지한다는 컴퓨터를 이용한 초고속 초단타 매매가 증가하면서 이런 일이 이미 일어난 상태라고 말할 수 있다. 2010년 5월 초단타 매매로 인해 '플래시 크래시'(flash crash: 주가가 순간 급락하는 현상—옮긴이)가 일어났다(다만 이 경우 낙폭을 빠르게 회복했다). 이런 급락 사건이 재앙으로 번지지 않게 막아준다는 장치로는 '킬 스위치'(kill switch: 주문 실수로 대량 착오매매가 발생했을 때 일괄 취소하는 제도—옮긴이)와 '서킷 브레이커'(circuit-breaker: 주가가 급락하거나 급등할 때 주식매매를 일시 정지하는 제도—옮긴이)가 있다.

여하튼 은행업 규제로는 '대침체'에 대처할 수 없었다. 실제로 정부의 압력을 받아 자본준비금을 더 많이 적립하려던 은행들은 그만큼 경제에 필요한 정상적인 대출 활동을 재개하기가 어려워졌다. 중앙은행들은 금리를 낮추고 '양적 완화'라고 알려진 과정을 통해 화폐를 발행하는 방법으로 정상적인 경제 활동을 다시 활성화하려 애썼다. 이 조치는 적어도 영국과 미국에서는 경기 회복에 일조했지만, 과연 디플레이션 망령을 쫓아버렸느냐는 것은 별개의 문제다.

지난 2014년 여러 나라의 경제, 특히 유럽 연합의 경제가 디플레이션에 가깝거나 실제로 디플레이션을 겪고 있었다. 제2장에서 논한 일본의 사례가 보여주듯이, 일단 디플레이션 과정이 시작되고 나면 그로부터 경제를 빼내기가 무척 어렵다. 전 세계적 디플레이션이 시작된 것 아니냐는 우려의 목소리도 있다. 특히 중국 정부가 급성장중인 자국 경제의 인플레이션을 통제할 수 없게 될까 우려해 제동을 걸기 시작한 2014

년 이래 그런 목소리가 나오고 있다. 이후 중국 당국은 경제가 너무 빠르게 둔화된다고 우려하게 되었고, 2015년 '지나친 경착륙'을 막기 위해 양적 완화를 실시했다.

디플레이션은 불가피하게 부채 문제를 악화시키며, 실제로 부채가 증가해왔다. 저금리와 양적 완화 조치는 부채 증가 속도를 높이는 결과를 가져왔다. 2014년 7월 국제결제은행(Bank for International Settlements)은 선진 경제들과 중국, 브라질, 터키 같은 '신흥 경제들'에서 부채가 위험한 수준, 2007년 위기 이전보다 훨씬 높은 수준까지 증가했다고 보고했다. 요컨대, 2007년 이후 경기 침체로부터 세계를 빼내기 위해 사용했던 메커니즘들이 세계 경제를 새로운 위기에 취약하도록 만들어온 것이다.

부채와 금융화는 서로 얽혀 있다. 마이클 허드슨은 생산에 대한 투자가 아니라 돈을 빌리고 빌려주는 거래를 통해 '대차대조표상 부'를 창출하는 금융화로 인해 각국 경제가 감당 못할 부채를 지게 된다고 주장한다. 예를 하나 들자면, 주택을 새로 짓고 팔아서 버는 돈보다 기존 주택을 구입하기 위한 대출 거래를 통해 버는 돈이 더 많다. 대출 거래의 양쪽은 대출 이자를 내고도 남을 가격에 주택을 임대하거나 장차 가격이 올랐을 때 주택을 팔아서 돈을 벌 수 있기를 기대한다. 그 귀결인 가격 거품이 언젠가 터지면 돈을 빌린 쪽이나 빌려준 쪽이나 재앙을 맞을 수 있다. 허드슨은 이렇게 결론짓는다. "우리는 '카지노 자본주의'의 일시적이고 불안정한 단계를 지나고 있으며, 오늘날 이 단계는 무기력한 긴축과 부채 디플레이션으로 자리잡을 위험성이 있다."

산업생산의 확산은 여전히 과잉생산 위기를 불러올 위험성이 있으며, 이 위기를 피하는 유일한 길은 생산하는 만큼 소비하는 것이다. 그렇지만 서양의 부유한 나라들에서는 금융화와 경기 침체의 여러 결과로 인해, 한계에 다다른 가계와 국가의 부채로 인해, 에스파냐 같은 나라들에서 여전히 매우 높은 실업률로 인해, 회생중인 나라들에서 임금노동자의 소득 증가 결여로 인해, 그리고 정부들의 긴축 정책으로 인해 상품과 서비스 소비가 제한되고 있다.

더 빠르게 성장중인 동양 국가들의 소비는 어떨까? 오늘날 중국 정부는 성장을 추진하면서 소비를 우선시하고 있다. 향후 중국에서, 아울러 동양의 다른 나라들에서 소비량이 대폭 증가할 것으로 보인다. 그렇다 해도 2014년 현시점에 중국이, 또는 최근까지 침체를 겪은 일본이 서양의 불충분한 소비를 메울 만한 조짐은 거의 보이지 않는다. 세계 경제는 동양의 생산 국가들과 서양의 소비 국가들로 여전히 불안정하게 나뉘어 있다.

자본주의의 미래

이렇게 중대한 문제들이 지속된다는 것은 어떤 최종 위기가 다가오고 있다는 신호일지도 모른다.

그렇지만 자본주의의 역사는 위기로 점철되어왔다. 안정된 경제성장 기간은 표준이 아닌 예외였다. 1945년 이후 비교적 안정적인 경제성장이 이루어진 25년간 한 세대는 그것이 자본주의의 정상 상태이기를 기대했을지 모르지만, 그것은 자본주의의 역사에서 전형이 아니었다. 위기는 자본주의의 정상적인 특징 중 하나다. 내부에서 작동하는 역동적이고 누적적인 메커니즘이 너무 많은 탓에 자본주의는 장기간의 안정을 유지할 수 없기 때문이다. 생산과 소비의 분리, 생산자들 간 경쟁, 자본과 노동의 갈등, 투기 버블을 부풀리다가 터뜨리는 금융 메커니즘, 자산 갈아타기 등은 모두 애초부터 자본주의의 특징이었던 불안정성의 원천이며 앞으로도 의심할 바 없이 그러할 것이다.

특정한 위기들 역시 결국에는 끝이 난다. 2007~2008년 위기가 보여주었듯이, 정부들은 위기에 아주 효과적으로 대응할 수 있거니와, 경험에서 배우고 개입 제도를 개발하면서 위기에 대응하는 기술적 역량을 키워왔다. 정부들은 위기 발생을 예방할 수 없고 때때로 무분별한 정책과 개입으로 위기를 자초할지 모르지만, 위기가 발생하더라도 적절한 시기에 적절한 수단을 구사한다면 그 기간과 심각성을 줄일 수 있다.

자본주의가 머지않아 어떤 위기를 맞아 파멸할 것 같지는 않다 할지라도, 오늘날의 문제들은 자본주의가 장기적 쇠퇴 과정에 있을 가능성을 시사한다. 이매뉴얼 월러스틴(Immanuel Wallerstein)을 비롯한 몇몇 학자들은 이 문제를 검토한 최근 저서에서 자본주의에 과연 미래가 있을지 짚어보았다.

그 책의 한 가지 논제는 비용을 '외재화'하는 자본주의의 능력이 쇠퇴하고 있다는 것이다. 자본주의 기업들은 사업하면서 발생하는 막대한 환경 비용, 기반시설 비용, 사회적 비용을 사회에 떠넘겨야만 이윤을 낼 수 있다. 그 부담은 대체로 국가가 짊어지지만, 정부가 지출 삭감, 민영화, 긴축 정책을 펼 수밖에 없는데다 어느 정도는 이런 정책의 결과로 불평등이 심화되어 정부의 정당성이 흔들림에 따라 부담을 떠안는 국가의 능력이 약해지고 있는 실정이다. 역설적이게도 민간자본은 단기 이윤을 추구하면서 상당한 권력을 사용하여 자본주의의 장기 생존능력을 지탱하는 제도와 구조를 실제로 약화시키는 정책을 조장한다. 크레이그 칼훈(Craig Calhoun)에 따르면,

자본주의는 자신이 의존하는 조건을 파괴한다. 그리고 극단적인

금융화와 신자유주의는 이 추세를 악화시킨다. 자본주의의 향후 생존은 자본주의를 제거하지 않은 채 이 파괴 추세를 제한하거나 뒤집을 방법을 찾을 수 있을지 여부에 달려 있다.

자본주의가 환경에 끼치는 영향도 누적되는 문제들의 원인이다. 자본주의는 오염물질 정화 같은 환경 문제의 비용 역시 대체로 외재화한다. 원료 고갈도 문제다. 자본주의는 요구를 즉각 충족시키고 단기 이윤을 내기 위해 향후 자원의 이용 가능성에 끼칠 영향에 개의치 않고 지금 당장 자원을 써버리기 때문이다. 이를 보여주는 명백한 예로는 상업적 고기잡이가 있다. 또 지구온난화 문제도 있다. 보통 민간자본은 지구 온도 상승을 억제하려는 정책에 맞서 싸우는데, 그런 정책이 비용을 증가시키고 수익성 있는 활동을 제한하기 때문이다. 그러나 인류의 삶에 끼치는 영향은 제쳐두더라도, 지구온난화의 결과로 미래의 어느 시점에 자본주의 경제가 결국 서서히 멈출 수도 있다.

그렇다면, '자본주의는 미래가 있는가?' 짧게 보면 분명히 있다. 여러 위기가 발생할 테지만 그중 하나가 최종 위기일 거라고 추정할 근거는 별로 없다. 앞서 개관한 장기적 문제들의 중요성은 평가하기가 훨씬 더 어려운데, 자본주의의 미래는 자본주의 자체만이 아니라 사람들이 자본주의의 문제들에 대응하는 방식에도 달려 있기 때문이다. 달리 말하면, 정부가 어떻게 대응할지, 정치·종교 운동이 어떻게 출현하고 발전할지, 이것들에 자본가들이 어떻게 대응할지에 달려 있다.

세계 각지에 상이한 여러 자본주의가 있으므로 자본주의의 미래 일반에 대해 논의하는 것은 별 의미가 없다. 가장 심하게 곤경에 처한 자본주의는 서구, 즉 유럽과 미국의 오래된 자본주의다. 이제껏 이들 국가가 세계의 지배적 세력이었던 까닭에 이들의 문제가 전 지구적 자본주의의 문제로 보였다. 그러나 마이클 만(Michael Mann)이 지적한 대로 남아시아와 동남아시아, 오세아니아는 최근 '대침체'에 별반 영향을 받지 않았다. 이들 지역은 침체에서 빠르게 벗어났는데, 더 개입주의적인 국가가 있고 또 유럽이나 미국보다 신자유주의화와 금융화를 덜 겪었기 때문이다.

필시 좀처럼 변화가 없거나 쇠퇴해가는 서양 국가들의 제도와 구조뿐 아니라 동양 국가들도 자본주의의 미래에 영향을 줄 것이다. 동양에서 발흥하는 자본주의들이라고 해서 문제가 없는 것은 아니지만, 서양과 구별되고 또 서로 구별되는 발전 궤도를 그릴 만한 역동성과 제도적 특성을 갖추고 있다. 이 자본주의들을 '동양 자본주의'로 뭉뚱그리지 않는 것이 중요하다. 두드러진 형태를 셋만 꼽자면, 일본 자본주의, 중국 자본주의, 싱가포르 자본주의는 그 나름의 특징들을 공유하면서도 서로 크게 다르다.

대안은?

자본주의의 미래를 전망하려면 적어도 짧게나마 자본주의의 대안들도 짚어보아야 한다. 어쨌거나 자본주의를 끝내려면 대안 체제를 세우려는 이들이 자본주의를 전복할 수 있어야 한다.

한동안 생존 가능한 사회주의의 대안이 있는 것처럼 보였다. 1930년대에 자본주의 체제가 대공황을 겪고 있을 때, 비자본주의적이고 국가사회주의적인 경제체제에 기반해 산업화를 추진하는 소련에서 대안 체제가 세워지고 있었다. 여러 자본주의 산업사회에서 강한 사회주의 운동들이 아직까지 세력을 모으며 대안 체제로의 이행을 꾀하고 있었다. 1980년대에 재시장화된 자본주의 시대가 시작되어 유럽 사회들에서 노동운동이 쇠퇴하고 1980년대 말에 국가사회주의 경제들이 붕괴하고 나서야 이 대안은 사라졌다.

자본주의에 반대하는 세력은 사라지지 않았다. 반자본주의 운동들은 계속 존속했고, 1999년 '시애틀 전투'와 2001년 '제노바 전투' 때처럼 국제 경제회의 개최에 맞춰 대규모 시위를 조직하는 등 여러 방식으로 존재감을 드러냈다. 비록 그런 시위가 계속되고는 있지만(2013년 6월 북아일랜드 에니스킬렌에서 G8 정상회담이 열릴 때 한결 작은 규모의 시위가 있었다), 이 운동은 기세를 유지하지 못했다. 자본주의의 미래에 관한 책에서 마이클 만은, 과거 어느 때보다도 약한 오늘날의 '글로벌 좌파'는 자본주의를 위협하지 못한다고 주장한다.

대안 조직들은 자본주의 사회 내부에 존재한다. 에스파냐의 몬드라곤(Mondragon) 협동조합은 자본주의 조직의 노동 대안으로 환영받아온 유명한 실례다. 다양한 경제 활동을 벌여 눈에 띄게 성공해온 몬드라곤은 에스파냐의 주요 기업 중 하나이며 다른 나라들에 다수의 자회사를 두고 있다. 그렇지만 몬드라곤은 에스파냐의 자본주의 경제 안에서 사업을 하며, 이런 종류의 조직이 비자본주의적 기반 위에서 경제 전체를 조직하는 단계로 도약하는 경우는 보기 어렵다. 자본주의 사회 내부에 고립 지대처럼 존재하는 대안 조직들은 비록 구성원들에게는 유익할지 몰라도 일정한 한계를 안고 있다.

적어도 가까운 미래에 자본주의의 실행 가능한 대안을 포착하기는 어려울 것이다. 자본주의가 전복될 가능성은 별로 없다. 실행 가능한 대안이 없기 때문만이 아니라 자본주의 기업들의 막대한 재원과 국가에 대한 영향력 때문이기도 하다. 이는 대안들이 사라졌다는 뜻이 아니라, 그것들이 자본주의의 대안이 아닌 자본주의 **내부의** 대안이라는 뜻이다. 자본주의는 서로 다른 다수의 형태로 나타나며 여러 차례 변형을 겪어왔다. 앞으로 자본주의 사회들은 분명 늘어나는 문제들에 대처해야 할 테지만, 그들의 다양성과 가변 능력은 개혁할 기회를 제공할 것이다. 그렇지만 개혁을 하려면 자본주의에 참여해야 하며, 자본주의 밖에 머무르거나 그저 반대 시위를 하는 운동들은 개혁을 이루어낼 수 없다.

참고문헌

제1장 자본주의란 무엇인가?

F. Braudel, *The Wheels of Commerce* (William Collins Sons and Co., 1982)

K. N. Chaudhuri, *The English East India Company 1600-1640* (Frank Cass and Co., 1965)

J. Gapper and N. Denton, *All That Glitters: The Fall of Barings* (Hamish Hamilton, 1996)

C. H. Lee, *A Cotton Enterprise 1795-1840: A History of M'Connel and Kennedy* (Manchester University Press, 1972)

H. de Soto, *The Mystery of Capital* (Bantam Press, 2000)

E. P. Thompson, 'Time, Work-discipline, and Industrial Capitalism', *Past and Present*, 38 (1967), 56-97

제2장 자본주의는 어디서 기원했는가?

R. Brenner, 'Agrarian Class Structure and Economic Development in Pre-Industrial Europe', *Past and Present*, 97 (1982), 16-113

C. M. Cipolla, *Before the Industrial Revolution: European Society and Economy 1000-1700*, 3rd edn. (Routledge, 1997)

H. Kamen, *The Iron Century: Social Change in Europe, 1550-1660* (Weidenfeld and Nicolson, 1971)

M. Morishima, *Why has Japan 'Succeeded'?* (Cambridge University

Press, 1982)

H. Trevor-Roper, *Religion, the Reformation, and Social Change*, 2nd edn. (Macmillan, 1972)

M. Weber, *The Protestant Ethic and the Spirit of Capitalism* (George Allen and Unwin, 1930)

E. M. Wood, *The Origin of Capitalism: A Longer View* (Verso, 2002)

제3장 어떻게 지금 여기에 이르렀는가?

A. Gamble, *The Free Economy and the Strong State: The Politics of Thatcherism*, 2nd edn. (Macmillan, 1994)

S. Arora and A. Charlesworth (Nuffield Trust), E. Kelly and G. Stoye (Institute for Fiscal Studies), *Public Payment and Private Provision* (Nuffield Trust, May 2013)

J. Percy-Smith and P. Hillyard, 'Miners in the Arms of the Law: A Statistical Analysis', *Journal of Law and Society*, 12 (1985), 345–54

A. Pollock, 'How PFI is Crippling the NHS', 〈www.theguardian.com〉, 29 June 2012

D. Yergin and J. Stanislaw, *The Commanding Heights: The Battle for the World Economy* (Simon and Schuster, 1998)

제4장 자본주의는 어디서나 똑같은가?

B. E. Aronson, 'Reassessing Japan's "Big Bang": Twenty Years of Financial Regulatory Reform', in C. Gerteis and T. S. George, *Japan since 1945: From Postwar to Post-Bubble* (Bloomsbury, 2013)

A. D. Chandler, *Scale and Scope: the Dynamics of Industrial Capitalism* (Harvard University Press, 1990)

D. Coates, *Models of Capitalism: Growth and Stagnation in the Modern Era* (Polity Press, 2000)

R. P. Dore, *Stock Market Capitalism: Welfare Capitalism: Japan and Germany versus the Anglo-Saxons* (Oxford University Press, 2000)

G. Ingham, *Capitalism* (Polity, 2011)

J. Kingston, *Japan in Transformation 1945-2010*, 2nd edn. (Pearson Education Limited, 2011)

D. Leonhardt and K. Quealy, 'The American Middle Class is No Longer the World's Richest', The Upshot, *New York Times*, 22 April 2014

Organization for Economic Cooperation and Development, *Divided We Stand: Why Inequality Keeps Rising*, 2011 〈www.oecd.org/els/social/inequality〉

Organization for Economic Cooperation and Development, *Labour*, Statextracts 2014 〈http://stats.oecd.org/Index.aspx?DataSetCode=UN_DEN〉

T. Piketty, *Capital in the Twenty-First Century* (Harvard University Press, 2013)

D. Pilling, *Bending Adversity: Japan and the Art of Survival* (Allen Lane, 2014)

Y. Sugimoto, *An Introduction to Japanese Society,* 3rd. edn. (Cambridge University Press, 2010)

제5장 자본주의는 지구화되었는가?

M. Castells, 'Information technology and global capitalism', in *On the Edge: Living with Global Capitalism*, ed. W. Hutton and A. Giddens (Jonathan Cape, 2000)

D. Coates, *Models of Capitalism: Growth and Stagnation in the Modern Era* (Polity Press, 2000)

P. Dicken, *Global Shift: The Internationalization of Economic Activity*, 3rd edn. (Paul Cahmpman, 1998)

J. Gray, *False Dawn: The Delusions of Global Capitalism* (Granta, 1998)

ONS (Office for National Statistics), *An Examination of Real Wages 2010-2013*, 31 January 2014

T. Piketty, *Capital in the Twenty-First Century* (Harvard University Press, 2013)

A. Sen, 'How to judge globalism', *American Prospect*, 4 January 2002

V. Shiva, 'The World on the Edge', in *On the Edge: Living with Global Capitalism*, ed. W. Hutton and A. Giddens (Jonathan Cape, 2000)

J. Stiglitz, *Globalization and its Discontents* (Allen Lane, 2002)

UNCTAD (United Nations Conference on Trade and Development), *World Investment Report*, 2012

R. Wade, 'Is Globalization Reducing Poverty and Inequality?', *World Development* 32(4) (2004), 567–89

제6장 위기? 무슨 위기?

G. Arrighi, *The Long Twentieth Century: Money, Power, and the Origins of Our Times* (Verson, 1994)

E. Hobsbawm, *Age of Extremes: The Short Twentieth Century* (Abacus, 1994)

M. Hudson, 〈http://michael-hudson.com/2012/08/overview-the-bubble-and-beyond〉

G. Ingham, *Capitalism* (Polity, 2011)

K. Marx and F. Engels, *The Communist Manifesto* ([1848] Penguin, 1967)

R. G. Rajan, *Fault Lines: How Hidden Fractures Still Threaten The World Economy* (Princeton University Press, 2010)

S. Schama, *The Embarrassment of Riches* (Collins, 1987)

I. Wallerstein, R. Collins, M. Mann, G. Derluguian, and C. Calhoun, *Does Capitalism Have A Future?* (Oxford University Press, 2013)

독서안내

제1장 자본주의란 무엇인가?

Fernand Braudel의 세 권짜리 *Civilization and Capitalism: 15th-18th Centuries* (William Collins, 1982-4)는 자본주의의 본성과 초기 역사에 대한 통찰력의 경이로운 원천이다. 특히 제2권의 3장과 4장, 제3권의 결론을 보라. 19세기 공장에서 노동자를 규율하고 통제하기 위해 사용한 방법에 관해서는 S. Pollard, *The Genesis of Modern Management* (Penguin, 1968)를 보라. 근래 투기적 자본주의의 과도한 행태는 Susan Strange의 *Casino Capitalism* (Manchester University Press, 1997)과 Michael Hudson의 *Bubble and Beyond: Fictitious Capital, Debt Deflation and the Global Crisis* (Islet, 2012)에 기록되어 있다. 마르크스에 관해 더 읽고 싶다면, 고전 이론들과 자본주의의 기본적인 제도를 권위 있게 소개하는 Geoffrey Ingham의 *Capitalism* (Polity, 2011)을 보라. Hernando de Soto의 *The Mystery of Capital* (Bantham Press, 2000)에는 애덤 스미스와 카를 마르크스의 저술까지 거슬러올라가는 자본주의의 성격에 대한, 그리고 제3세계 국가에서 자본주의가 출현하지 못한 이유에 대한 흥미로운 성찰이 담겨 있다.

제2장 자본주의는 어디서 기원했는가?

Ellen Meiksins Wood, *The Origin of Capitalism* (Monthly Review Press, 1999)은 영국 자본주의의 기원에 관한 명확하고 설득력 있는 서술을 제공하며, 이 문제를 놓고 오랫동안 이어진 마르크스주의 논쟁을 이해하는 데 가장 좋은 책이기도 하다. *The Transition from Feudalism to Capitalism* (Macmillan, 1985)에서 R. J. Holton은 마르크스주의 이론과 비마르크스주의 이론을 무척 유익하게 두루 검토한다. 제1장에서 말한 Braudel의 삼부작에도 자본주의의 기원에 관한 내용이 많다. 더 폭넓은 쟁점들을 다루긴 하지만 Michael Mann의 *The Sources of Social Power* (Cambridge University Press, 1986) 중 제1권은 봉건제 내 자본주의의 기원에 관한 이론을 제공하고, 기독교와 유럽의 정치적 파편화 역시 중요했다고 주장한다. Mann은 유럽의 특성에 큰 관심을 기울이며, 이 관심사를 공유하는 John Hall은 *Powers and Liberties: The Causes and Consequences of the Rise of the West* (Blackwell, 1985)에서 유럽 사회와 중국, 인도, 이슬람 사회를 비교한다.

제3장 어떻게 지금 여기에 이르렀는가?

세 단계 접근법의 영향력 있는 버전은, 비록 각 단계에 다른 이름을 붙이긴 하지만, Scott Lash와 John Urry가 *The End of Organized Capitalism* (Polity, 1987)에서 제시했다. 경영자 혁명은 이 분야를 선도하는 연구자 중 한 명인 John Scott이 *Corporate Business and Capitalist Classes* (Oxford University Press, 1997)에서 논한다. Harry F. Dahms는 아주 유익하게도 *Transformations of Capitalism: Economy, Society and State in Modern Times* (Macmillan, 2000)에 이 쟁점들에 관한 다수의 고전 문헌을 모아놓았다. 최근의 변형에 대한 아주 읽기 쉽고 전 세계를 포괄하는 서사로는 Daniel Yergin과 Joseph Stanislaw의 *The Commanding Heights* (Simon and Schuster, 1998)를 보라. NHS의 민영화에 관해서는 Allyson Pollock의 *NHS plc: The Privatisation of Our Health Care* (Verso, 2005)와 *The End of the NHS: Why the Government Wants to Destroy the Health Service* (Verso, 2015)를 보라.

제4장 자본주의는 어디서나 똑같은가?

Will Hutton의 *The State We're In* (Random House, 1994)과 John Gray의 *False Dawn: The Delusions of Global Capitalism* (Granta, 1998) 둘 다 지구화가 수렴을 초래한다는 생각을 논박하며, David Coates 역시 *Models of Capitalism: Growth and Stagnation in the Modern Era* (Polity, 2000)에서 주요 모델들을 모두 명료하게 검토한 뒤 제각기 '작동을 멈추었다'고 주장한다. Ronald Dore는 *Stock Market Capitalism: Welfare Capitalism*에서 한편의 독일 모델과 일본 모델, 다른 한편의 영국 모델과 미국 모델의 기능 및 장점을 검토한다. 결코 위 저작들만큼 넓은 범위를 다루진 않지만 나의 *Labour Movements,*

Employers, and the State: Conflict and Cooperation in Britain and Sweden (Clarendon Press, 1991)은 억압된 역사적 대안들이라는 개념을 사용해 영국과 스웨덴의 유사점과 차이점을 탐구한다. *Bending Adversity: Japan and the Art of Survival* (Allen Lane, 2014)에서 David Pilling은 근래 일본에서 일어난 변화를 탁월하게 서술한다.

제5장 자본주의는 지구화되었는가?

Vandana Shiva의 2000년 리스 강의(Reith Lecture) *On Poverty and Globalization*은 BBC의 웹페이지에서 들을 수 있다. 전 지구적 자본주의의 발전에 대한 포괄적이고 명료한 일반적 서술은 Robert Gilpin, *The Challenge of Global Capitalism: The World Economy in the 21st Century* (Princeton University Press, 2000)를 보라. Susan Strange는 세계 통화의 불안정으로 귀결된 결정들(그리고 미결정들)을 *Casino Capitalism* (Manchester University Press, 1997)에 기록했다. 세계은행 내부자의 시선은 Joseph Stiglitz의 저서 *Globalization and its Discontents* (Allen Lane, 2002)를 보라. 자유무역보다 공정무역을 요구하는 외부자의 주장은 George Monbiot의 *The Age of Consent: A Manifesto for a New World Order* (Flamingo, 2003)를 보라.

제6장 위기? 무슨 위기?

튤립 광기에 관해서는 Mike Dash의 *Tulipomania* (Indigo, 1999)와

Simon Schama의 *The Embrassment of Riches* (Collins, 1987)를 보라. 자본주의와 위기에 관한 마르크스의 견해를 이해하는 최선의 길은 *The Communist Manifesto* (초판 1848년 출간, 다른 판본들 중에는 Penguin, 1967)의 제1부를 읽는 것이다. Eric Hobsbawm은 *The Age of Extremes* (Abacus, 1994)에서 대공황, 전후 '황금시대', 뒤이은 '위기의 수십 년'에 대한 읽기 쉽고 예리한 서술을 제공한다. Geoffrey Ingham은 *Capitalism* (Polity, 2011)의 후기에서 2007년 위기와 그 여파를 날카롭게 검토한다. *The Bubble and Beyond: Fictitious Capital, Debt Deflation and the Global Crisis* (Islet, 2012)에서 Michael Hudson은 금융화되고 부채에 허덕이는 자본주의에 생산적 자본주의가 밀려났다고 강력하게 주장한다. 위기를 배경으로 Immanuel Wallerstein, Randall Collins, Michael Mann, Georgi Derluguian, Craig Calhoun은 대담하게도 *Does Capitalism Have a Future?* (Oxford 2013)라는 물음에 답하려 한다.

역자 후기

정치는 생물이라는 말이 있다. 생물이 종잡을 수 없이 움직이듯이 정치도 언제 어떻게 변화할지 예측하기 어렵다는 뜻이다. 이 책을 옮기면서 자본주의도 생물이 아닐까 하는 생각이 들었다. 자본주의는 비록 하나의 이름으로 불리긴 하지만, 근대 초에 출현한 이래로 변신을 거듭해왔다. 17세기경 상업자본주의로 시작했으나 19세기경 산업자본주의로 변모했고, 20세기에 관리자본주의로 모습을 바꾸더니 근래에는 금융자본주의로 탈바꿈했다. 여기가 끝은 아닐 것이다. 언제가 될지 모르지만 금융자본주의는 다시 새로운 형태로 변화할 것이다.

자본주의 사회에서 태어나고 자란 사람은 자본주의를 마치 공기처럼 자연스러운 환경으로 여기기 쉽다. 그렇지만 자본주의는 적어도 500년 이상 진화해온 경제체제다. 따라서 자본주의가 어떻게 지금 여기까지 이르렀는지 이해하려면 현재를 역사적 맥락에 집어넣어 상대화할 필요가 있다. 이 책은 바로 그런 역사적 관점에서 쓰였다. 통시적 관점에서 저자는 상업자본주의, 산업자본주의, 관리자본주의, 금융자본주의로 이어지는 자본주의의 역사적 흐름과 변천상을 따라간다. 그리고 이에 더해 공시적 관점에서 자본주의가 한 시대에도 여러 형태로 나타난다는 것, 자본주의의 발산 추세가 수렴 추세를 얼마간 상쇄한다는 것을 적절한 사례를 들어 보여준다.

저자는 자본주의의 시대별 모델은 달라도 모두 한 가지 본질적인 공통점, 즉 이윤을 내기 위한 자본 투자를 포함한다고 말한다. 자본주의 사회의 특징은 사실상 모든 경제활동의 동인이 자본을 투자해 이윤을 얻는 기회라는 것, 그리고 모든 종류의 자산을 자본으로 전환할 수 있게 해주는 제도를 수립한다는 것이다. 자본주의 사회에서는 경제 전체가 자본 투자에 의존하며, 거래 자금만이 아니라 생산 자금도 투자를 통해 마련된다. 그리고 시장이 모든 재화를 구하고 모든 경제활동을 중재하는 유일한 수단이 된다.

이 책의 장점이라면 자본주의에 대한 그릇된 통념과 오해를 바로잡는다는 것이다. 투기를 비생산적인 활동으로 치부하기 쉽지만, 저자는 투기가 가격 변동에 따른 불확실성에 대비해 보험을 드는 방편이기도 하며, 단순한 부작용이 아니라 자본주의의 메커니즘에서 자라나는 불가피한 파생물이라고 말한다. 또 '자본주의의 지구화'라는 표현이 통화의 이동과 대외 투자가 선진 사회들에 편중되는 현실을 가린다고 지적한다. 자본주의는 모든 곳에 도달하지만 아주 불균등한 방식으로 도달하며, 통화와 투자의 불균등한 흐름을 '전 지구적 확산'이라고 얼버무리는 것은 실상 호도라는 것이다. 그 외에 파생상품, 선물 투자, 서브프라임 모기지, 레버리지 투자 등 다소 낯설게 여겨질 수 있는 개념들을 설명해준다는 것도 장점이라면 장점이겠다.

자본주의의 미래는 어떻게 될까? 저자는 2007~2008년 경기 대침체를 시작으로 경제 위기가 세계 곳곳으로 퍼지긴 했지만 작금의 위기를 최종 위기로 추정할 근거는 없다고 말한다. 그리고 17세기 네덜란드의 튤립 광기와 1930년대 대공황 같은 실례를 들어 자본주의의 역사가 실은 위기로 점철되었음을 보여준다. 저자에 따르면 위기는 자본주의의 정상적인 특징이다. 오히려 안정된 경제성장이야말로 자본주의 역사에서 표준이 아닌 예외인데, 누적적 메커니즘 탓에 위기가 되풀이될 수밖에 없기 때문이다. 그렇다면 자본주의의 대안은 있을까? 저자의 진단은 자본주의 자체의 대안은 없지만 자본주의 내부의 대안은 있다는 것이다. 자본주의 생태계를 교체하려 하기보다 그 안에서 적응하고 변화를 모색하는 것이 현실적이라는 뜻이겠다.

독서안내

제1장 자본주의란 무엇인가?

『물질문명과 자본주의』(전6권), 페르낭 브로델, 주경철 옮김, 까치

『물질문명과 자본주의 읽기』, 페르낭 브로델, 김홍식 옮김, 갈라파고스

『카지노 자본주의』, 한스베르너 진, 이헌대 옮김, 에코피아

『자본주의 특강』, 제프리 잉햄, 홍기빈 옮김, 삼천리

『자본의 미스터리』, 에르난도 데 소토, 윤영호 옮김, 세종서적

『면화의 제국』, 스벤 베커트, 김지혜 옮김, 휴머니스트

『동인도회사: 거대 상업제국의 흥망사』, 아사다 미노루, 이하준 옮김, 파피에

제2장 자본주의는 어디서 기원했는가?

『자본주의의 기원』, 엘린 메익신즈 우드, 정이근 옮김, 경성대학교출

판부

『왜 일본은 성공하였는가?』, 모리시마 미치오, 이기준 옮김, 일조각

『프로테스탄티즘의 윤리와 자본주의 정신』, 막스 베버, 김덕영 옮김, 길

제3장 어떻게 지금 여기에 이르렀는가?

『미셸 보의 자본주의의 역사 1500~2010』, 미셸 보, 김윤자 옮김, 뿌리와이파리

『정치와 운명』, 앤드류 갬블, 김준수 옮김, 울력

『영국 노동계급의 상황』, 프리드리히 엥겔스, 이재만 옮김, 라티오

제4장 자본주의는 어디서나 똑같은가?

『가짜 여명: 전 지구적 자본주의의 환상』, 존 그레이, 김승진 옮김, 이후

『자본주의』, 데이빗 코우츠, 심양섭 옮김, 명인문화사

『21세기 자본』, 토마 피케티, 장경덕 옮김, 글항아리

제5장 자본주의는 지구화되었는가?

『자연과 지식의 약탈자들』, 반다나 시바, 배기윤 외 옮김, 당대

『세계화와 그 불만』, 조지프 스티글리츠, 송철복 옮김, 세종연구원

『도둑맞은 세계화: 지구민주주의 선언』, 죠지 몬비오, 황정아 옮김,

창비

『기로에 선 자본주의』, 앤서니 기든스·윌 헌트, 박찬욱 외 옮김, 생각의나무

제6장 위기? 무슨 위기?

『튤립, 그 아름다움과 투기의 역사』, 마이크 대시, 정주연 옮김, 지호

『공산당 선언』, 칼 마르크스·프리드리히 엥겔스, 강유원 옮김, 이론과실천

『극단의 시대』, 에릭 홉스봄, 이용우 옮김, 까치

『자본주의는 미래가 있는가』, 이매뉴얼 월러스틴 외, 성백용 옮김, 창비

『장기 20세기』, 조반니 아리기, 백승욱 옮김, 그린비

『폴트 라인』, 라구람 G. 라잔, 김민주·송희령 옮김, 에코리브르

도판 목록

자본주의

CAPITALISM

초판 1쇄 발행 2019년 8월 12일
초판 2쇄 발행 2025년 1월 2일

지은이 제임스 풀처
옮긴이 이재만

편집 최연희 이고호
디자인 강혜림
저작권 박지영 형소진 최은진 오서영
마케팅 김선진 김다정
브랜딩 함유지 함근아 박민재 김희숙 이송이 박다솔 조다현 배진성 이서진 김하연
제작 강신은 김동욱 이순호
제작처 한영문화사(인쇄) 한영제책사(제본)

펴낸곳 (주)교유당 **펴낸이** 신정민
출판등록 2019년 5월 24일 제406-2019-000052호
주소 10881 경기도 파주시 회동길 210
전자우편 gyoyudang@munhak.com
문의전화 031) 955-8891(마케팅)
031) 955-2680(편집)
031) 955-8855(팩스)

페이스북 @gyoyubooks
트위터 @gyoyu_books **인스타그램** @gyoyu_books

ISBN 979-11-90277-01-3 03300